毕加索传

名·人·堂

PICASSO

徐晋书——著

时事出版社
·北京·

图书在版编目（CIP）数据

毕加索传 / 徐晋书著 .—北京：时事出版社，2019.2
ISBN 978-7-5195-0252-2

Ⅰ.①毕… Ⅱ.①徐… Ⅲ.①毕加索（Picasso，Pablo Ruiz 1881–1973）– 传记 Ⅳ.① K835.515.72

中国版本图书馆 CIP 数据核字（2018）第 272027 号

出 版 发 行：时事出版社
地　　　址：北京市海淀区万寿寺甲 2 号
邮　　　编：100081
发 行 热 线：（010）88547590　88547591
读者服务部：（010）88547595
传　　　真：（010）88547592
电 子 邮 箱：shishichubanshe@sina.com
网　　　址：www.shishishe.com
印　　　刷：三河市华润印刷有限公司

开本：670 × 960　1/16　印张：16　字数：170 千字
2019 年 2 月第 1 版　2019 年 2 月第 1 次印刷
定价：42.00 元

前言

有人问毕加索："什么是艺术？"他反问道："什么不是艺术？"

在毕加索的眼中，看山是山，见水是水，世间万物皆寻其规律而存在。在他的笔下，山峦开始翻滚，海水不断奔腾，花草鱼虫都诉说着心事。他是"现代艺术中最具影响力和最富有创造力的艺术大师"，也是被世人褒贬不一的"天才与魔鬼的化身"。

毕加索一生创造了5万余件艺术作品，其中包括1885幅油画、1228座雕塑、2880件陶瓷艺术品、7089幅素描、342件壁毯艺术品、150本素描草图笔记、30000幅版画等。其作品风格经历了蓝色时期、粉色时期、立体主义、超现实主义和新古典主义等不同阶段。这位高产的艺术家带给我们的不仅是这些传世之作，还有他对生命的探索、对自我的超越，以及将一切推倒重建的勇气。

毕加索是诗人，不仅创作诗歌和戏剧，更将意境所达的现实世界内化于视觉艺术，用绘画和雕塑表达精神意向，铸就生命之诗。

他是巨匠，用油画、素描和雕塑表达真我，叙述故事，引人思考。他的迫切渴望，他的愤懑不安，他的浓情蜜意，无不赫然于世人眼中。

他是丰碑，整个20世纪，再没有人能像这位伟大的天才一样，带领西方艺术走出迷茫的困境，让创作者与现实世界达到前所未有的契合。

我们或许见多了穷困潦倒的艺术家，但毕加索称得上是幸运的。他一生享尽荣华，并成为历史上第一位生前见到自己的作品进入卢浮宫的人。他留给后人无数财富，也留下那些被人津津乐道的“茶余饭后”。他的思想与感情是其艺术生命的一部分，也蕴藏着人类艺术发展过程中的诸多奥秘。

他是站在神坛上的毕加索，也是有血有肉的巴勃罗。

目录
Contents

第一章 / 青春与艺术

——被上帝眷顾的天才

家族

——世界上最长的名字

西班牙，马拉加，秋。

深秋的阳光总是格外刺眼。每当阳光沿着海岸线铺过去，那片海就更加灰蓝一些。毕加索曾说："没有看过马拉加阳光的人，就创造不出立体主义的绘画艺术。"

这座依靠海岸线延展的西班牙南部小城，就是毕加索的出生地。然而，毕加索并不如他所表达的那般热爱他的故乡。相反，他对自己的出生地总是抱有极度的憎恶，甚至更愿意宣称自己是加泰罗尼亚人，说自己的家乡是巴塞罗那。

巴塞罗那相较于马拉加来说，是充满艺术气息的大城市。毕加索曾在晚年与其秘书商量，将一部分画作捐献于巴塞罗那，而非马拉加。

对出生地的憎恶，实则源于对童年生活的不堪回首。作为一个只拿着微薄薪水的艺术教师的儿子，毕加索却从未感受到生活的困顿。富有的家族其他成员时不时地资助他的父母，毕加索的确度过了无忧无虑的童年时光。

然而，他痛恨这“无忧无虑”。在接受别人施舍的同时，他见惯了有钱人的狂妄，也看不起父母的卑微。让人无奈的世情百态在他幼小的心灵里，埋下一片无法抹去的灰色区域。

因此，即便是在马拉加足足生活了13年，毕加索也总是想尽一切办法将这段记忆全部埋藏起来。

毕加索的父亲一生没有太大的成就，却对毕加索影响至深：首先是在绘画方面，给了毕加索最早的启蒙；其次是将热爱观看斗牛比赛这一喜好传给了自己的儿子。

其实毕加索最想遗传的是父亲高大健硕的身材以及与生俱来的贵族气质，可惜没能实现。反而，他像极了相貌平平的母亲。

毕加索的父亲，何塞·鲁伊斯·布拉斯科

毕加索的父亲何塞先生是鲁伊斯家族的第九个孩子。虽然“鲁伊斯”并不是很高贵，但这个家族在当地还是有些盛名的。何塞的父亲本就是一个音乐家兼制图师，对艺术颇感兴趣。他的几个孩子多多少少濡染到一些艺术家的气质。不过，最后只有何塞从事了完全和艺术相关的工作，其他几位兄长都属于中产阶级上层职业中的佼佼者。

至于何塞先生的艺术天分，实在不敢恭维。这个自小受宠的家族中的“小尾巴”，只是幼年时在马拉加新建的美术学院有过短暂的学习绘画的经历，成年后又不像其他家族成员那般精明强干，因而也就顺理成章地从事了艺术行业。

正是这自然而然的选择，奠定了何塞先生庸庸碌碌的一生，也间接造就了毕加索敏感的个性。

在马拉加这座小城的绘画圈子里，何塞并不是个明星。他在艺术方面只能算是其他几位画家的追随者。然而，这位极具个人魅力的“艺术家”却十分擅长社交。他时常出入于和音乐相关的活动，并能游刃有余地混迹于马拉加的上流社交圈，受到诸多女性的爱慕。

对于这一时期的何塞先生，儿子毕加索是引以为耻的，在很多场合，他曾用嘲讽的语气形容过记忆里的“风流”父亲。

何塞先生就这样飘飘然地活到 37 岁。这一年，他的两位哥哥，当时一名已经是大教堂供职教士的巴勃罗，以及一位已经是成功医生的萨尔瓦多，为其决定了两件大事。其一，是要求其从事 份相对稳定的工作 在美术学院做助教。其二，是为这个不务正业的弟弟娶个妻子。

家族成员为何塞选择了一个名叫阿梅利亚·毕加索的姑娘，而且据说何塞对她早有爱慕之心。可是，即便几位兄长多次催促，何塞却没有积极回应这件事，反而是拖了很久以后，自己找了这位姑娘的表姐妹玛利亚·毕加索·洛佩兹，并迅速求了婚。

至于整件事为何出现了转折，也只有何塞自己心里清楚。他虽结束了东游西荡的生活，但还是对兄长们的摆布感到厌烦。没准这一次是故意与他们做对，以向世人宣布“我是自由的”。

我们不知，该为何塞的这种行为感到庆幸，还是难过。

何塞与玛利亚原本定于 1879 年完婚。不幸的是，哥哥巴勃罗竟在 46 岁时早逝。悲痛的何塞不得不将婚期推迟了一年。

哥哥的去世给了何塞很大的打击，也让他一夜间成熟起来。好在他在学院获得了一个晋升的机会，还被任命为新建的城市博物馆的馆长。这使得他的薪水翻了一倍，总算不用玛利亚再以制作铁路工人帽子上的金色条带谋生了。

毕加索母亲肖像

1880 年 12 月 8 日，何塞与玛利亚选择在圣灵感孕节这天举行婚礼。天气有点凉，亲属和朋友们早早就来到圣地亚哥教区教堂。然而很多亲友注意到，何塞在结婚证明书上标明自己 36 岁，而不是实际年龄 42 岁。毕竟新娘当时只有 25 岁，如此悬殊的年龄差距，想必会让何塞觉得难堪。

客观来说，玛利亚所出生的家族与鲁伊斯家族相比，确实低了几个阶层，但玛利亚绝对算得上是妻子的好人选。

玛利亚身材娇小，丰满可人，有一双闪闪发光的眼睛，性格十分活泼开朗，精力充沛。也是凭借着这种不辞辛苦的淳朴品质，她始终尽心操持着这个并不富裕的家庭。不过她与何塞的婚姻，从一开始就受到鲁伊斯家族成员的过度关注。

当时与何塞同辈的 11 个家庭成员中，还未有一人生育子嗣，这让鲁伊斯家族在当地有些抬不起头。当初兄长们极力催促何塞成婚，也是出于这方面的考虑。

据毕加索所说，他的母亲是一位十分虔诚的信徒。她加入了一个民间妇女团体——维多利亚慈善兄弟会。对于家人对自己的期盼，她能够理解，也盼着自己能早日为家族添个男孩。

或许是因为玛利亚心诚，不到一年的时间，她与何塞的儿子就出生了。

1881 年 10 月 25 日就是立体主义运动现代艺术创始人，伟大的画家、剧作家、诗人、雕塑家毕加索出生的日子。

毕加索出生的时间，比预期晚了几个小时。当难产的玛利亚躺在血渍染透的床上，时而双目紧闭，时而痛苦喊叫时，毕加索似乎还躺在母亲的肚子里做着美梦呢。撕心裂肺的疼痛让这个平日里倔强刚强的小个子女人脸色惨白。汗水早已将她的衣服浸湿，她只能双手牢牢地抓住床两旁的铁架子，这样才能使得上力气。

围在床边的接生婆和赶来帮忙的妇女也都急得一头汗，可是她们除了焦灼地等待，暂时帮不上一点忙。就连最有经验的接生婆，此刻也只能拿着毛巾一遍一遍地给床上挣扎着的可怜女人拭去汗水。

玛利亚未曾想过，自己在生头一胎时，会遇到如此大的麻烦。她想，这个孩子一定是个十分调皮的男孩。不不不，一定是个坚强的孩子。玛利亚打起精神来，她知道这个孩子一定会和自己一样勇敢。

想到这里，玛利亚将身体里仅存的一点力气全部使了出来。她感到胎儿从她的体内挤了出去，随后便听到接生婆欣喜的叫声："好了好了，是个健康漂亮的男孩！"同时听到这个喜讯的，还有焦急地等在门外的何塞。他一个健步冲进门，径直走到床前，盯着接生婆环抱着的小生命看着。

哎呀，小婴儿和自己想象的一点都不一样。难道不该是白白嫩嫩的吗？怎么又红又紫，脸上皱皱巴巴的，像极了喘不上气来的小老头？

这个小家伙，可真让你母亲费了不少劲！他想着，小心翼翼地伸手将孩子接过来。刚刚抱稳，他突然觉得哪里不对。

这孩子太过安静了！

是的，孩子从出生就没出过一点声响。他慌乱地将孩子平放在床的一角，给他做人工呼吸，可是反复了几次，仍不见小人儿有反应。

何塞的身后，是刚刚跟着一起冲进来的、手里还抽着雪茄的弟弟。他看到何塞双手发抖，也着急了。

情急之下，他一把将发了蒙的哥哥推到一边，深吸了一口雪茄，接着将烟吹进了婴儿的嘴里。

弟弟的这个举动十分迅速，还没等众人反应过来，孩子竟“哇”地一声大哭起来，红色的小胸脯一起一伏地表示着抗议。

众人欢呼起来，房间恢复了喜悦的气氛，虚弱的产妇也终于放心地嘘了一口气。

有一种说法是，毕加索的全名是世界上最长的名字。实际上，这个名字只是属于西葡人名字中偏长的。

由于在生产过程中经历了波折，玛利亚的身体恢复得很慢。因此，毕加索并没有按照习俗在 48 小时内举行洗礼仪式，而是推迟到 1881 年 11 月 10 日，他出生后的第 16 天。

家人为这个来之不易的孩子取了一个很长且有意义的名字：巴勃罗·迭戈·何塞·弗朗西斯科·德·保拉·胡安·尼波穆切诺·玛丽亚·德·洛斯·雷梅迪奥斯·西普里亚诺·德·拉·圣蒂西马·特林尼达德·鲁伊斯·毕加索。

长长的名字里面包含了毕加索爷爷的名字、父亲的名字、姥爷的名字、教父母的名字、两位鞋匠圣徒的名字，以及“圣三位一体”的意思，表示他会取得令人骄傲的成就。

可以说，关于毕加索身世的诸多细节，总是存在一些神秘的因素。

首先是毕加索的实际出生地。据毕加索本人说，他出生在一处公寓里，从那里正好可以俯瞰不远处的广场。后来也有一些人为此做过详尽的调查，证实了这一说法。但其出生证明所登记的地址，是位于默塞德广场 36 号住宅三层的一间公寓里。因此，关于这个问题始终没有确切的答案。

其次是毕加索是否有兄弟或表兄弟。在毕加索口述的童年记忆中，这个家族从未出现过与他年龄相仿的男孩子。但在 1885 年的人口普查记录中，曾记载着鲁伊斯家族中这一年有一个一岁的男孩，并且在圣地亚哥教堂受过洗礼。多年后，也曾有人在当地做过进一步调查，但却没能发现这个男孩的其他细节资料。因此，人们怀疑那只是调查报告中的笔误。

也许是记忆中的错觉，又或者是刻意的隐瞒，再加上叙述者的夸张和想象，关于毕加索出生后的每一个细节都吸引着人们去探索、去研究。人们总是热衷于寻找童年生活对于这位伟大艺术家产生影响的蛛丝马迹。

仿佛这世间的每一件事、每一个人、每一个表情或情绪，都是有迹可循的。

童年
——未曾染世的诗情与画意

无论幼时经历过什么，人们都愿意相信——包括毕加索本人也总是用各种证据证明一件事——“从来没有一个差的毕加索”。他是公认的绘画天才，是人们口中的“神童”。

毕加索很小的时候就展现出非同一般的绘画才能，这是千真万确的。他在视觉方面很有天赋，很早就开始区分物体，观察全新的形状，并能神奇地臆想出从未接触过的事物。

由于何塞在儿子出生后一直忙于学校的工作，很少有空在家里，毕加索的多数时间都是与母亲在一起的。玛利亚的悉心照顾让毕加索很快成长为一个健康机灵的孩子。在他说话还含混不清时，玛利亚经常为他做一种名叫“托乳拉”的油炸小饼，这是毕加索最喜欢吃的西班牙糕点。他看到这个螺旋形状的食物时，就会对着玛利亚反复喊“Piz……Piz……”玛利亚仔细琢磨了很长时间才明白，这个发音是“铅笔”的意思。她不顾手上沾满了面粉和巧克力，赶快给儿子拿来铅笔和纸，任由其在纸上乱画。毕加索真的会在纸上画出非常明显的螺旋形状，就犹如盘中的油炸小饼一般卷曲着。

这些最早的“画作”并没有保存下来，但玛利亚确实从那时起就注意到毕加索的绘画天赋。同样是在盛夏的海边，稍长大一点的毕加索会在沙滩上用树枝画出更加精细的图画，而不是与其他孩子一同四处打闹嬉戏。

玛利亚始终因自己能在毕加索年幼时对他绘画的兴趣予以支持而感到自豪。这也是作为一个母亲能为孩子所做的意义最深远的事情。不像父亲何塞，总是在周末时带着走路还不稳的毕加索去竞技场看斗牛，虽然那也是毕加索很感兴趣的一项活动。

毕加索《赫拉克勒斯》，马加拉，1890年11月。纸上铅笔，49.6厘米X32厘米。毕加索博物馆，巴塞罗那

世人常常喜欢神话某个人，不过毕加索本人也从不在乎其他人将他的经历传得神乎其神。他曾回忆：他从来没有经历过其他孩子那种爬行的过程，而是突然在某一天直接推着一个装饼干的大圆盒子在屋子里面绕圈。家人看到他的行为，都兴奋异常，连连赞叹。

在艺术方面，毕加索更乐于反复强调自己的“天赋异禀”——他也从未像普通孩子那样画过儿童画。他说:“即便在我很小的时候，我也记得我画的第一幅画，那时我六岁。在我父亲的房间里，摆放着一座赫拉克勒斯雕像。接着我就画了赫拉克勒斯。”毕加索还进一步解释道:那可不是一幅儿童画，而是真正的素描，描绘了手持棍棒的赫拉克勒斯。

实际上，毕加索创作这幅画的年龄是九岁，而非他所说的六岁。这幅画也并未显示出他异于常人的本事。

在毕加索幼时的作品中，我们能看到他在选题方面深受其父亲的影响。何塞最擅长的就是画鸽子，可是因其绘画水平拙劣，品味也有些陈旧，作品并没有卖出去几幅。但是，他的儿子却在家里见过太多的鸽子画像，自然了然于心。

另外，关于斗牛这件事，毕加索很早就有了最初的印象。

“当我父亲带我去看埃尔·拉格蒂乔斗牛时，我已经十岁了。我记得他的头发是白色的，雪白的。那时候，斗牛士不像现在退休得这么早。是的，那时的公牛也不太一样，如此巨大——它们一连二十几次向马发起猛冲。马像没头苍蝇般摔倒，肠子淌得到处都是。好恐怖！与众不同的日子，与众不同的斗牛……

我还知道卡拉·安卡，虽然我从来没见过他斗牛。那时我还很小，我的父亲，一个十足的斗牛迷，带我去马拉加他住的宾馆，在斗牛之前或者之后，我记不清了。这是我最清晰的儿童记忆了:我坐在他的腿上望着他，都不知所措了。”

1890 年前后，毕加索画出了这一幅《斗牛；鸽子》。他将印象中最深刻的两种动物或者说两个情景，拼凑在一起。

除了绘画，毕加索在这一时期还对剪纸有着浓厚的兴趣。最初，他见到姑姑做刺绣的那把剪刀又锋利又坚韧，就尝试着用自己小小的、稚嫩的双手剪裁纸张，从最常见到的小动物开始。身边的小朋友看到他的剪纸作品，都很羡慕，纷纷要求他剪这个剪那个。令人惊奇的是，但凡毕加索见过的事物，无论剪纸时这件事物是否就在眼前，他总能毫不费力地剪出他们的形状。这种惊人的记忆力，以及对事物形状的把握，绝对是多数成年人都无法比拟的。

幼时的剪纸，在毕加索成年后逐渐演变为制作纸雕塑等大型艺术品，随后又推广到金属制作的艺术品。这不得不感谢那段“玩”

毕加索《斗牛；鸽子》，马加拉，约 1890 年。纸上铅笔，13.5 厘米 X20.2 厘米。毕加索博物馆，巴塞罗那

剪纸的时光。

在毕加索三岁时，他的第一个妹妹出生了。玛利亚为她取名为：玛利亚·德洛丽丝·若阿金纳·何塞法·胡安娜·特奥多拉·圣·特立尼达，家人都简称她为“劳拉”。或许是因为初为兄长的感觉很美好，毕加索十分疼爱这个妹妹。又过了三年，也就是1887年12月30日，毕加索的第二个妹妹出生了。玛利亚为她取名为：玛利亚·康赛浦西·何塞法·奥蕾莉亚·萨尔瓦多·安吉拉·西蒙娜·圣·特立尼达，简称“肯奇塔”。这个小女孩比哥哥小了六岁。也是因为年龄相差悬殊，毕加索对肯奇塔总有一种生疏感，虽然肯奇塔要比劳拉长得更像父亲，也更漂亮一些。

可惜肯奇塔天生体弱多病，在很小的时候就因病去世了。

毕加索每日面对的都是家中的女性亲属——无微不至的母亲玛利亚，以及对他十分疼爱的姨妈们，因而他始终被过分溺爱着。这种情况直到毕加索五岁时被送往学校，才得以改变。

但是，当时的毕加索对这所学校有着先入为主的厌恶感。

家中女性亲属长时间的娇惯，导致毕加索对无拘无束的生活习以为常。当他从年长一些的小伙伴处得知学校代表着“规矩”“课业”“束缚”等听起来就让人头痛的词时，打心眼里生出抵触情绪。

因此，从去学校的第一天早晨开始，仅仅五岁的毕加索就要在起床之前想好拒绝上学的托词，如要在家里专心画画、学校的同学生病会传染给他、无法忍受学校的食物等。玛利亚总是能忍痛坚持送走孩子，可是何塞时常向毕加索的这些理由屈服，并且会提前从学校接回他。

至于毕加索在学校期间的成绩，他甚至故意让自己成为一个“差等生”。毕加索关于这一时期的回忆，通常是自己如何与老师们作对，以及数学题和阅读题的试卷几乎交了白卷。

实际上，据当时学校的工作人员回忆，毕加索的确在问答环节表现得很不配合，但在写作方面，还是交出了还算通顺的文字，而非白卷。

毕加索为何总是以如此夸张的说辞来形容他的童年，特别是在每一个领域的启蒙阶段呢？他的夸张体叙述大概是遗传了他的父亲，那个总想要受到关注的自命不凡的人。毕加索自然比他的父亲更有理由让人相信：他本就是个天才，从未系统学过某一学科，就直接实现了从 0 到 100 的转变。这些特质与他后来的成就形成了鲜明的对比，即便一部分内容与实际情况相悖，人们仍旧乐于相信。

就在二女儿出生的那年，何塞一家遭到了接连的打击。何塞不仅没能如愿以偿地进入当地的学会，还丢掉了学校里原本以为十拿九稳的职位。何塞已经筹划好新职位给自己带来的更高收入要如何分配：给自己添几套质地好一些的衣服，给孩子们买些平日里舍不得买的零食，家里的几个家具也该换一换了。

此时，一个坏消息让所有的打算和期待戛然而止。何塞非但没能得到这个职位，更令他介怀的是，取而代之的是他的朋友——公认的比他更有能力也更有资格得到这个职位的人——穆诺兹·德格兰。

何塞感到很没面子，特别是在朋友圈里。他知道已经有人因此事在背后讥笑他无能。其实很早以前他就听说克鲁尼亚有绘画教授的空缺，于是两次向那所学校递交了申请，但都被拒绝了。而此时他在博物馆做馆长的收入也因政府资金消减而停止，他只能在博物馆做一些管理杂物的简单工作。

一连串的打击令何塞瞬间陷入窘境，他感受到周边存在的满满的恶意。何塞忽然觉得自己老了，对很多人和事都力不从心。可能他早已没了当年的焕发英姿，他该做的是抚养他的孩子们。当然，在这之前，何塞必须找到一份合适的工作。

何塞决心离开马拉加。

是的，带着家人，他在 52 岁时被迫另谋出路。

所幸还是马拉加的人脉帮了何塞的忙。一位朋友介绍何塞到克鲁尼亚担任瓜尔达学院的素描教师。

虽然如愿，但何塞无论如何也高兴不起来。在马拉加生活这么多年，他的根在这里，亲属朋友在这里，还有那些风光过的、失落过的记忆，令他舍不得离开。还有他的儿子，他想起了毕加索。那孩子对马拉加的山水草木，总是比其他人多爱几分似的。

他要如何向家人开口，告诉他们，全家人将要搬去一个与马拉加相比，又冷又湿的地方生活。

事实证明，何塞的担忧并非多虑。用毕加索的话来描述，他与他的家人，“没有马拉加，没有荣耀，没有朋友，什么都没有”。

早期

——脱离掌控的天才

初到克鲁尼亚，何塞准备开始全新的生活，他从来到这个城市的那一刻起，就竭尽全力去赚钱，并且维护周围的关系。可是，这里的生活远比他想象的要艰难得多。就连毕加索回忆起那段经历，那种全家人捉襟见肘的灰暗岁月，认为那是一段挥之不去的梦魇。

由于年纪小，毕加索随家人到克鲁尼亚的第二年才正式进入艺术学校学习，他的学号是“88”。

在艺术学校学习的这一时期，毕加索对绘画产生了极为浓厚的兴趣。令其他孩子苦不堪言的机械性临摹绘画训练，反而让毕加索乐在其中。在这里，他更专心，更有空间去发挥。因此，他的绘画风格表现出前所未有的稳定：他会故意“画错”人物的比例，或者用对比强烈的颜色，又或者画一些没有人见过的东西。总之，他充分发挥了自己的想象——是一种只属于孩子的，并且只属于毕加索自己的奇妙幻想。

在这之后，毕加索更专注于画人物肖像。通过他最早的两册写生簿不难看出，他在画肖像的过程中，对人物和事物的观察越发细致，并且越来越多地注入了自己的感情。

1895 年 1 月，小妹妹肯奇塔病重不起，毕加索尽可能多地花时间陪在她身边，为虚弱的妹妹画肖像画。

病中的肯奇塔感到很疲倦，但她喜欢给哥哥做模特。染病这几个月来，只有哥哥在身边的时候，她才会开心一点。

毕加索一边认真作画，一边哄着妹妹，并告诉她，她的病很快就会好了，可是肯奇塔很清楚自己的状况。为了能让哥哥顺利完成画作，小姑娘强忍着眼泪，保持着原来的姿势和笑容，即便自己来日无多，她也希望灿烂的笑容能够定格在这些画布上。

对于毕加索这样一个 14 岁的孩子来说，亲人的病危是多么难以接受的一件事。无助的他，生平第一次产生了信仰。他不住地祈祷，如果上帝能够挽救肯奇塔的生命，他愿意放弃他最爱的绘画。

尽管家人想尽了办法，可怜的女孩还是在她五岁的时候离开了人世。

肯奇塔的葬礼十分简朴，因为何塞无法为女儿买一块墓地或者墓碑。突如其来的厄运，令他又难过又羞愧。他对年幼的女儿实在有太多无法弥补的亏欠。

毕加索强烈地感受到，死亡距离自己如此近。他亲眼看到一行黑色着装的人，走在缓缓前行的灵车前面。人们表情肃穆，不时注意着何塞夫妻二人。玛利亚实在是哭得没了力气，只能在他人的搀扶下勉强迈步。何塞看起来瞬间苍老了许多，背都挺不直了。

待葬礼结束，玛利亚来到毕加索跟前。她想安慰一下因失去妹妹而神情恍惚的小孩子，可是毕加索挣脱了母亲的手。他不停地抽泣着，手中攥着为妹妹画的肖像画，仿佛她从未离开过一样。

肯塔奇的离去对何塞一家的打击是致命的。何塞认为，是他的一意孤行——执意要搬到克鲁尼亚来，导致女儿染病而死。就像十几岁的毕加索在无助之时只能依靠祈祷，何塞此时只能将一切不幸归罪于克鲁尼亚这个“不祥之地”。

何塞先生又一次萌生了搬家的念头，这一次的目的地是巴塞罗那。

在去往巴塞罗那之前，发生了一件对何塞和毕加索而言都意义深远的事。

某天，何塞先生因无法顺利完成一幅鸽子画作而烦躁不堪。他深感自己苍老无能，对于原本最熟练不过的小细节却做不到游刃有余。而自己14岁的儿子毕加索，在绘画这条路上迅速地成长了起来，说不定已经超越了他这个老眼昏花的父亲。

想到这，何塞似赌气一样，将鸽子的翅膀砍了下来，钉在木板上，要毕加索临摹这只还滴着血的翅膀。

何塞在房间外面转了一圈，方才起伏的情绪稍退，他回到儿子身边，看着孩子的画作。画纸上的翅膀一个个都那么生动逼真。何塞暗自赞叹着：儿子的绘画能力确实已经超过了自己。可是这个事实他无法开口说出来，只是当场将所有画材都送给了毕加索。他对朋友们说，今后不再画画。

何塞的这种行为，被很多人认为是忏悔般的事件。然而他并没有实现那一刻的诺言，也就是说，他还是没有放下手中并不灵活的画笔。

与父亲相比，毕加索在毫无计划和明确目的的情况下，反而画得越来越顺。甚至这一时期的一些人物画像，比他几十年之后的画作还要清新独特，就连他本人也无法再画出来。

值得一提的是，毕加索在克鲁尼亚经历了一段短暂且朦胧的感情。人们在毕加索曾使用过的教科书上，发现了关于这个女孩的蛛丝马迹。她的名字是“安杰利斯·门德斯·吉尔”，可惜她很快就被父母送到其他城市读书。毕加索对这个女孩念念不忘，这份沉甸

毕加索《初领圣体》，巴塞罗那，1896 年。布面油画，166 厘米X118 厘米。毕加索博物馆，巴塞罗那

甸的遗憾持续了几年时间。

1895 年，何塞一家在马拉加度过了一个悠长假期之后，迁往巴塞罗那。

毕加索很喜欢巴塞罗那的那所艺术学校。校长虽然不苟言笑，实则是毕加索非常崇敬的那一类严谨教学的人。毕加索不大喜欢理论课程，诸如艺术史之类的。相反，凡素描和油画课，他都不会错过。比起之前反复临摹石膏模型，这所艺术学校为学生提供的真人模特令毕加索欣喜不已。

何塞逐渐意识到儿子的天分，也更愿意花时间和精力来培养他。有了自己的前车之鉴，何塞提议儿子专注于宗教题材的绘画。他认为这种题材更适应市场，能让毕加索成为炙手可热的画家。

毕加索也的确在之后的几年内，创作了一系列宗教题材的作品。然而，这些作品却在后来被他视为无神论者的不光彩的历史。

何塞虽然早年在画鸽子的过程中体会到失败的滋味，但他却愿意将这份教训作为推动毕加索发展的动力。这是在他内心深处发酵的动力，他是绝不会向儿子坦露的。

此时的西班牙，反教权主义正处于上升趋势，教会被剥夺了大量的权力和财富。可社会上却出现了一股新型的需求，即奉献性的绘画和艺术品。

何塞看准了这一时机，也完全相信毕加索能够胜任这个任务。如果自己的儿子能将绘画天赋运用在这一领域，一定会产生绝妙的效果。何塞还想到了作为牧师的哥哥萨尔瓦多，若是他看到自己的侄子潜心于宗教艺术，一定非常欣慰。

于是，何塞找到毕加索的首席教师何塞·加内洛·阿尔达。他是一位安达卢西亚画家，擅长宗教和道德题材。这正是何塞先生想要找的人。

加内洛在大学广场5号开办的大型工作室满是布景和道具。他将这里装饰得颇有宗教色彩。女模特来到这里，将自己打扮成圣母玛利亚的造型，与周围的环境浑然一体。虽然他没有太多艺术家的天赋，他的艺术创作总是显得世俗，但至少与宗教有关，加之这位教师的地位，何塞先生已十分满意。

毕加索《自画像》，巴塞罗那，1899—1900年。炭笔和纸，22.5厘米×16.5厘米。毕加索博物馆，巴塞罗那

加内洛在1896年完成了一幅名为《初领圣体》的绘画作品，那是为美术和工业艺术博览会而创作的，也是为了迎合那天加泰罗尼亚的主保圣人圣霍尔迪的节日。这幅作品取得了一定的成绩。这位艺术家与何塞有着同样的看法，若是儿童，尤其是在艺术方面有些许能力的孩子，能虔诚地将宗教作为创作的主题，应该可以达到意想不到的效果。他们的最终目的，

是让作品获得某个奖项并且以不错的价格销售出去。

毕加索成为两个成年男人重点雕琢的对象。就天分上来说，他是不可多得的人才。至于对宗教的理解与把握，他恐怕一时还无法形成固定的表达模式。

在何塞的监督下，毕加索开始着手创作他们要求的东西。最开始，他画了很多与宗教有关的素描。这些初稿的场景通常发生在教堂里，描绘的是一些日常的宗教活动。

在毕加索创作的《初领圣体》中，他将妹妹劳拉描绘成一个穿着白纱裙、戴着白色面纱和手套、头上还戴着纯洁花冠的少女，看起来美极了。她跪在祭坛前面，双手虔诚地捧着圣经，仔细看着。在祭坛的右侧，站着一个披着白色外套的少年，稚嫩的脸上同样带着虔诚的表情。在劳拉的左手边，站着一个大胡子的、皱着眉头的男人，他穿着西装，看上去十分严肃。在他身后，还有一位中年女士的半身出现在画中。整个画面看上去浑然天成，又有着严肃的宗教气息。在这幅作品完成的二十多年后，毕加索仍对它评价极高，认为是他少年时期最得意的作品，他还为这个主题画了两幅新古典主义风格的变体画。

不过，对画作本身的赞同并不代表毕加索对其题材也抱有相同的看法。他从未对此做出过评价，就像一个成年人不愿过多回忆年幼时所犯下的错误一样。不过，谁都不能因此忽略他在宗教题材方面的成就，特别是曾亲眼看过那些伟大作品的人，完全能够感受到那种超越年龄和宗教信仰界限的知识与审美。

知识与审美同样离不开他的老师加内洛的指导。加内洛虽一生没有很高的成就，但在早年教授毕加索这件事上，值得被称颂。他毫无保留地将自己的所知传授给毕加索，并引导其自如运用。这份高于精神的传授不仅影响了毕加索当时的创作，还包括他后期创作的《格尔尼卡》。

相比之下，毕加索更喜欢那段时间所创作的自画像。他总是将自己打扮成各种形象，并在镜子中看着自己戏剧性的样子，再用自己独特的手法画出来。在创作它们的过程中，他也体味到多种人生。

在何塞的推动下，16 岁的毕加索顺利地从艺术学校毕业，进入马德里的圣费尔南多皇家学院学习。而实际上，他在这所学校仅度过了 9 个月的时间。

马德里的学习生活从一开始就令毕加索厌恶。很多时候，只要天气足够暖和，他宁愿带着画架来到大街上，画一画街上来来往往的人群，街角趴在地上晒太阳的小动物，哪怕是一动不动的街灯或信箱，都比圣费尔南多学校里那些无聊透顶的人要好得多。等天气转凉，毕加索会躲在咖啡店里消磨时间。咖啡的香气和颜料的色泽真是让人惬意的绝妙搭配。

在首都马德里，也只有这么一点值得回忆的地方。

1899 年，毕加索返回巴塞罗那。何塞早已将精力从自身的发展转移到对儿子的培养上。因此，他极力劝说毕加索回到之前的艺术学校继续学习。

毕加索直接拒绝了父亲的安排。这令何塞十分失望，他意识到孩子已经脱离了自己的掌控，有了自我意识，就像当年自己拒绝兄长们的安排，娶了让他们意想不到的姑娘一样。可反叛总是要付出代价的，何塞对此始终有些担忧。

作为交换条件，毕加索同意加入“艺术俱乐部”。这个团体与学校的枯燥生活完全不同，这里有他喜欢的加泰罗尼亚艺术家们，他接触到了更多有趣的人，也有了更多的时间独立创作。

未满 20 岁的毕加索，其实在与女性相处方面早已有了经验，这可追溯到他在巴塞罗那艺术学校期间。他与年长自己六岁的二年级学生曼纽尔·帕利亚雷斯·格劳相识。帕利亚雷斯是当地一位农场主的儿子，与毕加索认识时已 19 岁了。他看到小个子的毕加索能画出如此逼真的画作时，自叹不如。同时，他也很喜欢毕加索开朗幽默的性格。

初来乍到的毕加索依赖于这位大哥哥的庇护。帕利亚雷斯带着毕加索去了很多地方，特别是一些只有当地人才熟悉的餐馆、咖啡店、花鸟市场。帕利亚雷斯想尽办法将毕加索照顾周全。

等到两人进一步熟悉之后，帕利亚雷斯便开始带着他的小兄弟结识女孩子，融入当地的夜生活。后来毕加索回忆起来，帕利亚雷斯与女孩子相处的经验十分丰富。帕利亚雷斯的行为也对当时的毕加索在两性方面产生了不小的影响。

很显然，这些早期的经历对毕加索的影响并非正面的。他在未来几十年的生活中，对女人的不公正认知，总是不由自主地体现出来。他在画作上会很粗暴地处理女性的躯体，在日常生活中也是动辄对自己的伴侣嘲讽辱骂，在女人的眼泪面前也毫不留情。

在毕加索的画作里，还会周期性地出现马戏团的场景。他的确在 20 岁之前接触过一位叫“罗西塔·奥罗”的女孩。她与毕加索之间保持了几年的情人关系，对他创作的影响一直延伸到他的晚年时期。毕加索所画的杂技演员、小丑等角色，都是受罗西塔的启发。

然而，罗西塔对毕加索的影响还是微小的，相比之下，毕加索的新朋友——卡尔斯·卡萨吉玛斯才真正影响了他的创作和生活。

独立

——四只猫咖啡馆

卡萨吉玛斯家境优越，父亲是美国驻巴塞罗那的领事，母亲亦是贵族出身。卡萨吉玛斯自小见惯了世面，因此他看起来总是比其他孩子更老道。也因为他是家中最年幼的孩子，父母和姐姐们都无比娇惯他。

富足的生活和家人无条件的忍让，造就了一个整日无所事事的颓废青年。甚至到了该入伍的年纪，卡萨吉玛斯仍凭借父亲的关系逃避了本应接受锻炼的机会，这使得他的日子更加漫无目的。

他的精力都用在哪儿了呢？实际上，他早就爱上了一个女孩，这个女孩竟然是自己亲姐姐的女儿，并且她很快就嫁人了，留给卡萨吉玛斯的只有虚无和绝望。

或许，卡萨吉玛斯的颓废不仅源于这段不会有结果的感情，而是他的生命本就是颓废的符号。从头至尾，他只是一颗生长在温润土壤中的枯萎植物。

就在卡萨吉玛斯处于低迷状态期间，他认识了与自己年龄相仿的毕加索。卡萨吉玛斯就如饥饿者一般扑向了这个与他自己在心灵深处交流的朋友，并且在之后的十几个月里与其寸步不离。

就像沉迷于酒精和吗啡，卡萨吉玛斯在认识毕加索之后便无法与之分开。毕加索始终小心翼翼地关照着身边这位抑郁症患者，看着他用酒精和毒品麻醉自己。卡萨吉玛斯却视这些东西为自己艺术生命的催化剂。那么，他们催化出来的又是什么呢？

下面是1900年7月《青春》上发表的卡萨吉玛斯的一首诗：

《梦》

这是一间大房子——巨大，白色，拱顶——它的门以特别的方式锁住了。我发现自己处于厚厚的云团之中，昏昏欲睡。我知道有一个幽灵越门而过，如雾一般。这是我刚刚一起吃过饭的朋友；他忽然显现为一股液体，从中我看到无穷多的斑驳的黑色斑点（如同笔触）；这些斑点四处蔓延，让他看上去令人厌恶。但他盯着我并与我讲话，随着他所说的，那些斑点离他的身体越来越近，或越来越远。

不一会儿，另外两个幽灵也进来了。我用了一会儿重新打量他们。是我的兄弟。斑点就像最初的那些覆盖了他们。我不仅看到了大的黑色斑点，甚至还有那些让我欢喜的东西。

……一片新的薄雾穿过了门。它是我的父亲——我又看到了那些黑色的斑点……

从这个房子里，另外的幽灵成形了……他看上去奇怪而陌生。

我看不到斑点，本能地发现他和蔼可亲……我感到了对他有一种特别的同情。

“告诉我你是谁？你是谁，看上去如此纯粹！”

他以一种低沉、嘲讽的语调回答，

“我是你自己。”

所有的幽灵都开心地大笑起来，不断地重复，

“纯粹！纯粹！”

卡萨吉玛斯的精神状况从这首诗中已初见端倪，并以远超当时人们所能预见的速度发展着。除了兴趣相投，卡萨吉玛斯对毕加索无数次的“慷慨解囊”也成为二人维持亲密关系的重要原因。与其他朋友相比，他更大方，又多了些神秘的特质，充满了已知的和未知的双重魅力，这让毕加索着迷。

在当时的西班牙，特别是加泰罗尼亚人的艺术圈子里，人们开始崇尚一种“世纪末的死亡主题”。一些艺术家以决绝的方式结束自己的生命，并在死后得到更多人的追捧。“死亡”二字就像能够点燃卡萨吉玛斯的热血一样，他曾带着毕加索到墓地作画，让毕加索做他的模特。可是等毕加索起身去看，却发现对方的画纸上空空如也。

卡萨吉玛斯当然也尝试过自残。他曾在毕加索面前用刀割伤自己。在毕加索看来，这是一种无限接近艺术的行为，是既带着黑色阴影又带着金色光环的行为。他深受其影响，热衷于“死亡艺术”

带来的快感，并画了一些以此为主题的作品。殊不知，卡萨吉玛斯已经开始为自杀铺路。可惜的是，毕加索并没能接收到他的朋友发出来的危险信号。

1899 年春季开始，毕加索受到“死亡艺术”的影响，创作风格有了改变，进入“暗色调主义时期”。这一时期他创作了《死亡的亲吻》《有小提琴家的临终场景》，和《女人在孩子床边祈祷》。这些画作都是用蜡笔在纸上完成的，画中的人物多数骨瘦如柴、双眼空洞，无论是躺在床上的，还是坐在床边的，都仿佛濒临死亡一般，令人毛骨悚然。

毕加索《穿着西班牙披风的人》，巴黎，1990 年。布面油画，80.5 厘米 X50 厘米。乌珀塔尔，海德博物馆

除了绘制这些作品，毕加索也会从事一些商业性的工作，例如画杂志插图、海报、手册等，以赚取更多费用。他的插画在一次比赛中受到评委们的关注，虽然最后没能赢得奖项，但却意外获得了在一间波西米亚餐厅举办展览的机会。

这间餐厅的名字叫做“四只猫咖啡馆”，是毕加索的梦开始的地方。

四只猫咖啡馆并非只举办画展。这里

云集了当地知名的画家、作家、音乐家等各领域的精英。当然，这里也集酒馆、客栈等功能于一身。当你走到这家咖啡馆门口，很容易看到醒目的标志——四只颜色各异的猫，一只白色，一只黑色，一只灰色，一只棕色。"四只猫"在加泰罗尼亚语中表示"少数的人"，这四只猫代表了创办这一场所的四位主要人物。这里是一个非比寻常、小众又高级的场所。

四只猫咖啡馆店内的装修由专人设计，每一件小摆设、小搭配都用了心思。他们不仅出版了以《四只猫》为名的杂志，还赞助诸如音乐会、诗歌朗诵等艺术活动。多数情况下，这里被视为"男人俱乐部"，特别是在晚上，很少会有妇女或儿童出现在这里。

最初进入"四只猫"这个圈子时，毕加索只有18岁，但他很快就被众人所接纳。一方面，他掩藏了自己的真实性格，总是用友好的一面与人相处；另一方面，大家的确为他的绘画天赋所折服。这是一个良性发展的艺术圈，同时期成员有乔奎姆·米尔·伊西多尔·诺内尔、理查德·卡纳尔斯，以及拉文托斯兄弟家和皮乔特家的很多成员，他们的生活与毕加索的生活交织在一起，对毕加索的迅速成长起到推动作用。

反过来说，"四只猫"之所以被人们所熟知，直到今天仍有人在谈论它，完全是因为那里曾有过毕加索的身影。

然而在四只猫咖啡馆，还有一位偶像级的人物——画家卡萨斯。他以绘画肖像而著名，特别是他画了当地许多人的肖像，并且深受人们的追捧。毕加索看到卡萨斯的150件作品在巴塞罗那最时尚的画廊展出时，内心是有些触动的。

自然，以卡萨吉玛斯为首的毕加索的那些朋友，也在反复为毕加索鸣不平。在他们看来，毕加索的绘画技巧完全不输那个俗气的绘画者。于是，他们自动将毕加索与卡萨斯分成两个对立派。毕加索本人也默认了他们的安排。

毕加索用了三个月的时间，专心投入到绘画肖像中来。凭借自己独特的绘画风格和刁钻的观察视角，他的肖像作品即便是不懂画的人看到，也知道其完全区别于卡萨斯的风格。毕加索更尊崇于人物本身的身份和个性，还原人物的真实面貌甚至是内心世界，没有刻意去美化他们。每一个从他画笔下走出来的人，都带着他们独一无二的气质。各行各业的人都开始找毕加索，请求他为自己画一幅真实的肖像画。

毕加索仿佛能通过眼睛的对视，参透人的内心一样。莫非，他真有这样的本事？

在 18 岁零三个月时，毕加索准备好了他的肖像作品，要举办一场真正意义上的展览。这也是他第一次重要的展览。

地点不是别的地方，而是四只猫咖啡馆。没有大肆宣传，没有精美的装饰，毕加索的第一次展览在匆忙的筹备下进行着。

朋友们纷纷赶来帮忙。精心画出的作品却没有精致的装裱，地方也不够宽敞，只能几幅画并排挂在一起，用钉子固定好，就这样等待买家将它们带走。

展览还是吸引了一些媒体前来报道。人们在赞叹毕加索娴熟的绘画技巧之余，也对他的三幅油画进行了激烈的讨论。对于《最后的时刻》，有记者评价为“迷恋于现代主义的极端形式，艺术感觉发生了可悲的精神错乱，有着错误的艺术观念”。甚至有人说毕加索是在模仿卡萨斯，并提醒他要尽快寻找其他的绘画方向，否则很难有所突破。

展览最后的结果是，只有很少一部分人专程前来参观，且多数是毕加索的朋友。最后的确卖出了一部分作品，原因大概在于其低廉的价格。其余的作品，一部分送给了画中人，还有很多下落不明。

面对毕加索的挑战，卡萨斯并没有十分介怀。一部分原因是他自己的展览大获全胜，而毕加索却有不小的损失。另外，这位心胸开阔的老艺术家，确实也十分欣赏毕加索的才能，甚至觉得毕加索可以作为自己的继承者。因此在之后的交集中，卡萨斯也不忘提携毕加索，为其创造展示自己的机会。

四只猫咖啡馆展览可以算作毕加索绘画道路上的转折。毕加索期望自己能专注于大型的题材和主题，为此还筹备了属于自己的工作室。

在卡萨吉玛斯的资助下，毕加索在位于老城区的一处建筑里落了脚。虽然这里条件近乎恶劣，但毕加索却视为闹中取静的“世外桃源”。

最有趣的是，毕加索和卡萨吉玛斯并没有因工作室的简陋而沮丧。相反，他们以一种戏剧化的自嘲方式来装饰这个地方。毕加索用他的画笔在工作室灰暗的墙上，画出了如宫殿内部一般的装

毕加索《狂暴》，巴黎，1900年。蜡笔和纸，47.5厘米X38.5厘米。贝耶勒画廊，巴塞尔

饰——闪烁的吊灯、精致的地毯、摆在桌子上的可口食物，也包括随时待命的女仆。侧面墙上，画着一张大床，以及珠宝和保险柜。

这些画的内容既是两人对现状的自嘲，也是他们对未来的期望。

此后，毕加索和卡萨吉玛斯分别举办了个人画展。卡萨吉玛斯的作品一直反响平平，而毕加索以斗牛为题材的作品却出乎预料地受到欢迎，还卖了好价钱。

在毕加索19岁生日前后，他与卡萨吉玛斯来到了法国巴黎。当然，双方父母都为他们筹备了一部分费用。实际上，这是否是他们的最后一站，他们也不确定。

在巴黎，毕加索的绘画之路又一次被颠覆了。他感受到巴黎的开化，于是他的作品中出现了搂抱的情侣。他也看到了巴黎画家的随性，于是乐于直接在街上支起画架就旁若无人地画起来。在这座城市里，他遇到了很多老朋友，也认识了很多聊得来的新朋友。只是他没有意识到，卡萨吉玛斯正与自己渐行渐远。

在巴黎生活了一段时间后，两人与赶来的帕利亚雷斯汇合。在这里，三兄弟组建了工作室，并结识了三位自称是模特的女孩：热尔曼·弗洛朗坦、安东尼特·福尔内罗以及奥黛塔。奥黛塔很快就成了毕加索的情人。已婚的热尔曼则成为卡萨吉玛斯的临时伴侣。然而，卡萨吉玛斯偏执的性格逐渐在二人的关系中暴露出来。从热尔曼搬到工作室与他们一起住时，卡萨吉玛斯就决心要让热尔曼成为自己的妻子。

可是帕利亚雷斯原本喜欢的是奥黛塔，因他来得晚，只能眼睁睁地看着自己心爱的人投入毕加索的怀抱，自己则与其姐妹安东尼特在一起了。

三对情侣在工作室共同生活了一段时间，唯独卡萨吉玛斯这对情侣总是出状况。毕加索虽然知道卡萨吉玛斯与热尔曼之间有问题，却无暇顾及，并且不方便多问，直到他发现卡萨吉玛斯的精神状态已经完全脱离了控制。就在热尔曼数落卡萨吉玛斯，并声称要回到丈夫身边时，卡萨吉玛斯竟试图以自杀来挽留对方。

毕加索于是带着卡萨吉玛斯回到了巴塞罗那。他想要这位朋友暂时离开巴黎，看不到热尔曼，他也许会冷静许多。

在巴塞罗那与家人朋友度过了圣诞节，二人在1901年的新年又回到了马拉加。为了淡化朋友内心的孤独感，毕加索荒废了绘画的时间，带着卡萨吉玛斯在城里闲逛。他们去了酒吧、餐馆，甚至还有妓院。毕加索原本是想让卡萨吉玛斯忘记热尔曼，恢复认识她之前的生活，却没想到这更凸显了他内心的痛苦。

悲剧就这样一步步发生了。

第二章／蓝色时期

——源于一场死亡的色调

转折

——卡萨吉玛斯之死

在与卡萨吉玛斯交往的过程中，毕加索并未感到轻松，甚至比和家人相处还要辛苦。他讨厌卡萨吉玛斯对他近乎疯狂的依赖，或者说，毕加索从来都厌倦过于亲密的朋友关系。

毕加索想摆脱这位精神已接近崩溃的朋友，这并不是因为他铁石心肠，而在于他早已意识到自己根本无法帮助卡萨吉玛斯。

当耐心全部耗尽，毕加索在无奈之下托萨尔瓦多伯伯调用航线，将目光呆滞的卡萨吉玛斯送上去往巴塞罗马的船。

在告别的那天，毕加索内心惆怅难安。他期盼他的朋友能尽快恢复正常的生活，至少可以像普通人一般，既看得到白昼的光，也受得住黑夜的暗。

然而，他却没有料到，码头一别，竟是他们二人此生的决别。

不久后，毕加索决定前往马德里。此次出行最重要的原因，是为了一本叫做《青年艺术》的期刊。

毕加索在四只猫咖啡馆认识了《现代主义》杂志的编辑——年轻的加泰罗尼亚人索莱尔。索莱尔很欣赏毕加索的绘画天赋，并提议由两人共同创办一份新的杂志，索莱尔任编辑，毕加索负责绘制插图。

此时的毕加索刚刚摆脱了卡萨吉玛斯的负累，又急于离家，索莱尔的邀请对他来说简直是千载难逢的良机。

这个项目能够提高毕加索在插画界的名声，没准还能让他赚到一笔不小的费用，而且他认为索莱尔确实是令人信任的合作伙伴。他渴望这个有着丰富社会阅历和广泛人脉的编辑能带着他跻身上流社会，与过去的那些“不合心意”统统断绝关系。

毕加索偶尔想起卡萨吉玛斯时，有担心，也有庆幸。他不确定自己能否为当时的“无暇顾及”找到充分的理由。也是带着这份忧虑，毕加索在那一年的冬天动身前往马德里。

合作伙伴索莱尔向毕加索推荐了一处位于卡瓦列罗大街的寄宿公寓。这个位置对于索莱尔来说再方便不过了，可是毕加索却无法忍受公寓里零碎的规章制度，觉得自己每日仿佛戴着脚镣进进出出。

很快，毕加索另寻了住处。

苏巴诺大街的位置听起来的确足够体面，可是毕加索所能支付的费用，只能租下一座破旧的房子。房间很大、很空旷：一张折叠床、一席草垫子、一张桌子、一把椅子、一个用来取暖的掉了漆的火盆。

毕加索似乎对新住处很满意。房子够大，大到足够他和索莱尔两个人用作办公地点。于是，他爽快地付了一整年的房租。

此后很长一段时间，苏巴诺大街 28 号成了毕加索工作和生活的地方。毕加索喜欢这处房子，也喜欢马德里。

对于《青年艺术》，两个合伙人计划尽快将其面世。距离毕加索租下住处只剩下一个多月的时间，他们希望这份期刊能一炮而红，迅速受到社会的关注。

可惜，这份杂志并没有如他们期望的那般受到热捧。相反，毕加索在杂志筹备过程中逐渐产生了厌烦情绪。

为什么要来马德里？为什么要在这简陋的房子里画插画？为什么要花如此多的时间在这种业余的杂志上？

诸如此类的问题在毕加索的脑海中反复出现。更要命的是，他已经有了打道回府的打算。他想将自己全部的时间和精力用在巴黎展览的素描和油画上。

一时犹豫不定的毕加索，从目前的窘境中产生了对自我的怀疑。他想到此次离开家，家人或许会认为这又是他的一次“心血来潮”。

没错，只是一次“心血来潮”而已。

就在毕加索对“是否应该停下手中的无用功”这个问题而烦恼不堪时，一个消息打消了他所有的疑惑，也打乱了他正常的生活——卡萨吉玛斯，那个曾视毕加索为唯一依靠的朋友，在巴黎自杀了。

卡萨吉玛斯在不情愿的情况下被毕加索送上了船，回到了巴塞罗那的家里。看到家里熟悉的一切，卡萨吉玛斯对热尔曼的思念加剧了。空荡荡的屋顶、喧嚣的街道、昏暗的厨房，不知不觉满满都是那个女人的样子。

在床上冥想了一个月以后，卡萨吉玛斯不受控制地给热尔曼写了信。在信中，他以最真挚的感情祈求热尔曼嫁给自己，并承诺了所有他可能做到的和不能做到的。最后，他反复强调自己即将到达巴黎，想与她见面。

这是卡萨吉玛斯最后的挣扎。

令卡萨吉玛斯欣慰的是，在火车进站的那一刻，他看到了美丽的热尔曼。她灵动地站在帕力亚雷斯旁边，快速地说着什么。

只是卡萨吉玛斯没有注意到，热尔曼的脸上满是担忧的神情。

卡萨吉玛斯理了理精心准备的橄榄色天鹅绒西装，他觉得热尔曼会喜欢这种优雅的颜色。甚至在手指触碰到胸前的位置时，卡萨吉玛斯都能感受到自己紧张的心跳。

他惧怕得知结果，却又迫不及待地想知道结果。

之后的几天，气氛越发紧张。卡萨吉玛斯从最初的迫切情绪中逐渐冷静下来。他通过对心上人的眼神和语气的细致观察发现，她好像在拒绝着自己。

或许是在某一天的清晨，也可能是晚餐以后，热尔曼直截了当地拒绝了卡萨吉玛斯。她坦言自己已经搬回去与丈夫同住。

得知结果的第二天一大早，卡萨吉玛斯即宣布准备回家。临走之前，他邀请了几日来走动过的朋友参加他的告别晚宴。

晚宴当天，几位男士提议去卢浮宫参观，只有卡萨吉玛斯没有一同前往。他的理由是：要写一封绝命书。

当天晚上，众人在美酒佳肴前尽情畅谈，卡萨吉玛斯更是处于前所未有的兴奋状态。他频频举杯，之后拿出白天写的信要热尔曼读。

就在热尔曼满心狐疑地读到信的末尾时，她用余光瞥到卡萨吉玛斯伸手从衣兜里拿出了左轮手枪，朝自己直指过来。

只听卡萨吉玛斯朝对面的热尔曼大喊着“这就给你”，一声震耳欲聋的枪声响起，惊得躲在帕力亚雷斯身后的热尔曼倒在了地上。卡萨吉玛斯以为自己如愿打中了心上人，紧接着说了一句：“一块给我”，就用另一颗子弹打穿了自己的太阳穴。

《两姐妹（来访者）》，1902年。布面油画背衬木板，152厘米X100厘米，冬宫，圣彼得堡

卡萨吉玛斯被送往医院，但在当天晚间就咽了气。追悼会在巴塞罗那圣母玛利亚教堂举行。

毕加索没有参加葬礼。但卡萨吉玛斯的死亡对毕加索的震撼，远超过任何人的预料，包括毕加索本人。

尽管在之后的几十年里，他从未向别人提起当时对于朋友死亡消息的切实感受，但实际上他在绘画风格上却出现了巨大变化。这也是他内心无以言表的愧疚的最有效证明。

毕加索曾为卡萨吉玛斯画过一些肖像画，并且通常是以左边侧影为主。然而在此之后，所有卡萨吉玛斯的肖像画都变为右边侧影。右侧，正是卡萨吉玛斯用子弹贯穿自己身体的一侧。

或许毕加索期望以这种方式缅怀自己的朋友。他想看着卡萨吉玛斯的右侧脸庞，端详他的容貌，揣测他的想法，甚至可能在作画时反复询问画中的人："你为何要选择这种方式结束自己的生命？"

在卡萨吉玛斯死后的六个月里，毕加索的画作风格并没有太大的变化，直到他开始用蓝色为基调作画。但当时人们并不清楚，毕加索为何会选择使用单一的蓝色。在卡萨吉玛斯死后的第 65 年，毕加索在与朋友皮埃尔·戴的谈话中才首次透露，蓝色时期的那些画正是 1901 年在卡萨吉玛斯自杀事件的刺激下创作的。

对于朋友的死，毕加索心中的内疚不言而喻，这种情绪影响了他很长一段时间。他曾说过"蓝色是冰冷的，代表着人的悲伤、哀恸、不幸和痛苦"。这些复杂的情绪影响着他的创作，也影响了他的正常生活。

毕加索在 1902 年创作了重要作品《两姐妹》。这是典型的以蓝色为主调的作品，是以巴黎圣拉扎尔女子监狱中的女人为原型创作的。虽然在作品中并没有使用单一的蓝色，但是整幅画的黯淡色调正是毕加索所要表达的情绪。

他画苦难，画悲剧，画人们在现实生活中的挣扎。在毕加索"蓝色世界观"的支配下，他的作品出现了更深刻的寓意和直指人心的情感。

毕加索称,《两姐妹》所画的是一名圣拉扎尔的妓女和一位母亲。实际上，毕加索最初的草图所画的，是一位怀孕的母亲怀中抱着婴儿，与一名妓女面对面站着。只是后来的作画过程中，人物的面部表情和服饰上的细节都逐渐模糊了下来。

毕加索故意用最简化的方式画出这两个人物，实则更凸显了人物的性格：怀抱婴儿的母亲，张大着双眼，仿佛洞察了一切。身边的妓女面容苍白，背后就是随时要吞噬一切的拱门。

尽管毕加索和索莱尔都对《青年艺术》倾注了全部热情，他们也确实刊发了一些优秀的投稿，但由于人手不足，两人始终处于紧绷状态。另外，仅有的几个广告都是免费的，经费也是棘手的问题。

毕加索打算离开马德里。

除了《青年艺术》进行得不尽如人意之外，毕加索心里还有未了的事。画商马纳克每个月都会寄钱给毕加索，可是并未如约收到其画作，这使他非常恼火。毕竟，他竭尽全力说服了巴黎年轻画商沃拉尔，在这年夏天为毕加索举办一场个人画展。为此，毕加索决定亲自带着画作前往巴黎。

毕加索选择与安德鲁共同前往巴黎。这位朋友能在一定程度上为他提供经济方面的支持，并且热爱艺术，作为去巴黎参展期间的旅伴再合适不过了。

到达巴黎，安顿妥当，已是 5 月中旬，画展时间定在 6 月 24 日。毕加索带到巴黎去的油画和素描画的数量明显不够去参加展览，他不得不在这一个多月的时间里加紧工作。

据一位为那次画展写过文章的人说，毕加索以每天三幅的速度为展览赶制画作。虽然其中一些画作不免粗糙，有未完成的痕迹，但多数让人十分惊艳。

在这一个多月的创作过程中，马纳克也参与到其中。为了让画更容易卖出去，马纳克为毕加索的创作选择了一些热门题材，其中很多是毕加索从未表现过的。用他的话来说：让每一个人都找到感兴趣的主题。与此同时，他带着毕加索多次拜访画商沃拉尔，商讨画展细节。

此时的沃拉尔已经是巴黎很有名气的商人。他懂得如何欣赏绘画，也懂得如何用它们来赚钱。

最后，毕加索带着 60 几幅画作举办了这场重要的画展。由于还有另外一位画家与他共用画廊，两人的画作将整个画廊全部挂满了。

这场展览颇为成功。无论是当时的报道，还是后来毕加索的回忆，都表明画展吸引了很多人前来欣赏，并且卖出了一大部分。这或许出乎了毕加索的预料，也令沃拉尔很振奋。

可惜，这位聪明绝顶的商人没有继续为毕加索做第二场画展。实际上，沃拉尔对毕加索忧郁低沉的蓝色绘画风格并没有信心。他更喜欢那位与毕加索同时参展的画家的作品——它们更鲜艳生动，并且更容易卖掉。

通过这次展览，两位画商赚得盆满钵盈，毕加索也赚了一大笔钱。除此之外，他还收获了一位与他保持着数十年友谊的诗人——

马克思·雅各布。

雅各布是一位极博学又有耐心的人。他对艺术和文学都有着很高的鉴赏力，这是毕加索最为欣赏他的地方。他总是能解答毕加索在生活中的疑惑，并为其打开眼界，同时打开心灵。毕加索逐渐在精神上对他产生了依赖，哪怕是听他随便说些什么也好。这个小个子人物对毕加索蓝色时期的创作产生了不小的影响。

描绘者

—— 一个深爱忧伤的西班牙人

卡萨吉玛斯死后，毕加索在 1901 年回到巴黎。令人大跌眼镜的是，他没有去找一直等待他的旧情人奥黛塔，而是与导致卡萨吉玛斯自杀的热尔曼混在了一起。

这种行为当然会引发众怒，但这正是毕加索想要的。在他看来，要别人羡慕他、嫉妒他，哪怕是恨他，也比忽视他要来得痛快。

这并非是因为毕加索遗忘了卡萨吉玛斯的死。他一方面对卡萨吉玛斯的死心存愧疚，无法逃脱内心的审判；另一方面又极力想向他人展示自己与朋友的死毫无关系。至于他对热尔曼究竟有多少喜欢的成分，他自己也不清楚，至少不会比卡萨吉玛斯多。

深入骨髓的伤痛藏得了一时，又岂能瞒得了一世？表面上看似风平浪静，实则狂风骤雨从未停歇。

在卡萨吉玛斯自杀之后的六个月里，毕加索总是一副云淡风轻的样子。之后，他开始绘制一些关于这个悲剧的作品。他没有向别人透露自己内心是如何纠结或恐惧的，这些画作也一直被他珍藏着。直到临终之际，他才将它们公布于众。由此可见，卡萨吉玛斯的自

毕加索《死去的卡萨吉玛斯头部》，巴黎，1901年。纸板油画，52厘米X34厘米。艺术家继承人收藏

杀一直是毕加索喉咙里的一根刺，他从未释怀过。

关于卡萨吉玛斯事件的作品，其中有三幅比较相似，都是近距离对死者头部的绘画，看起来令人毛骨悚然。第一幅画名为《死去的卡萨吉玛斯头部》，相对于其他两幅而言，颜色较为艳丽，就像刺眼的蜡烛光照在死者的脸上，映出诡异的光亮。我们能看到卡萨吉玛斯右侧太阳穴的位置还有两个明显的弹孔。卡萨吉玛斯代表性的短下巴扬着，似是想要质问，想要抱怨，可是他的双唇死死地闭着，再也说不出话了。

另外两幅近距离画作名为《死去的卡萨吉玛斯头部》和《卡萨吉玛斯在棺材中》。在第二幅作品里，作者诡异地将死者的头部竖立起来，似乎想要死者活过来一样。可是额头上的弹孔却硬生生地提醒着我们：这个人已经死去很久了。

第三幅图看起来视角距离死者头部远了一些，整幅画的颜色也不再那么凝重，让人少了些恐惧之感。不知是否是因为毕加索内心的情绪稍微释怀了一些呢？

这三幅画都是毕加索在 1901 年绘制的，并且是在很短的时间内全部完成的。不难想象，在绘画过程中，毕加索是何等困难地压抑住心中的复杂情绪，并将之全部宣泄于笔尖之上。

除此之外，他又能用什么方式表达自己的所想所感呢？

之后，毕加索还创作了另外两幅与这一事件相关的作品，但并不是将死者作为唯一描绘的对象，而是将死亡与宗教结合起来，可以说这是他对自己的救赎，也可能是他对死去朋友的祝福。

对卡萨吉玛斯的愧疚，一部分也转化成对热尔曼的怜惜。虽然他们二人在众人的反对之下并没有成为长久的恋人，但在热尔曼嫁与他人，并且丈夫去世之后，毕加索仍然不间断地资助她。

在诗人沙巴特斯来到巴黎与毕加索汇合后，毕加索的情绪终于有了好转。两人时常聚在一起，在咖啡店里居多。据沙巴特斯回忆，毕加索总是喜欢迟到，通常是几个朋友之中最后一个赶到的。见了面，他们有时聊天，有时就在昏暗的角落里坐着，盯着来往的顾客，不发一言。桌上的啤酒续了一杯又一杯，但没有人喝醉。毕加索很少谈及过去，多数都是在说未来、打算、计划，说明天的事情。

隔着两张桌子的那张桌球案子被几个人围着，笑声和桌球撞击声不时传来。毕加索不会抬头看，沙巴特斯有时却会盯着那些嬉笑着的人发呆。

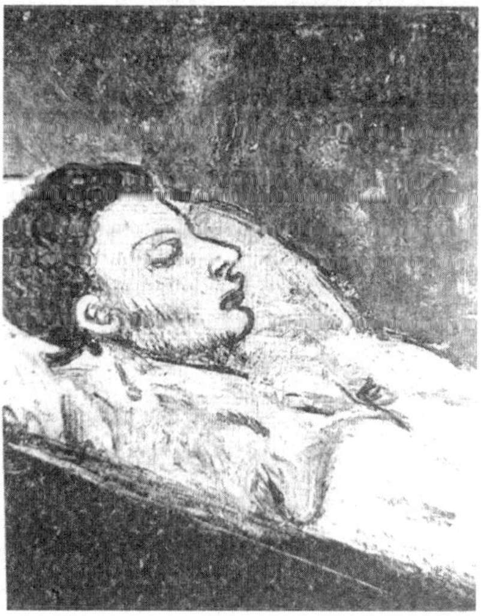

毕加索《卡萨吉玛斯在棺材中》，巴黎，1901 年。纸板油画，72.5 厘米 X57.8 厘米。私人收藏

沙巴特斯总是用诗人特有的视角去猜想毕加索，也猜想自己。他们的思想里，有多少是重叠的？又有多少背道而驰？这些问题让沙巴特斯越发有兴趣。

直到有一天沙巴特斯受邀来到毕加索的画室。这一天和所有相聚的日子一样，再普通不过了。他进了门，看到毕加索正转身取什么东西。显然，老朋友已经听到了他的脚步声，想要给他欣赏最近的画作。

令沙巴特斯惊讶的是，毕加索转过身，拿出一张几近完成的画像放在了画板上，那画上竟然是他自己的面孔。

欣喜之余，这位敏感的诗人开始在画纸上端详起自己来。

一双忧郁的眸子，奠定了整幅画的气氛。那一刻，他在端详什么？又在思考什么？他是专注的，也是游离的。就连啤酒杯上的水珠滚落在手背上，自己都没有留意到。

沙巴特斯感动于毕加索的用心，也被绘画艺术征服了。很多时候，文字是空泛的、浅显的，绘画却能将文字无法表达的东西变得绵长丰润。

毕加索在沙巴特斯的眼中看到了蓝色的忧郁。同时，那也正是他在接下来的创作中最常用到的深邃颜色。

诗人沙巴特斯，画家毕加索，两个生活在灰暗色彩中的艺术家，对生活有着同样的悲切，对艺术也有着同样的执着。这也是支撑两人友谊的最强有力的条件。

在热尔曼嫁给皮乔特后，毕加索并没有出现太多情绪上的波动。

相反，他很快就有了新的女伴。

她的名字叫布兰琪。至今也没有人说得清楚，这位红色头发的女孩究竟是如何认识毕加索的，又是如何来到其画室居住的。从画作《浴盆》中，我们完全能够感受到毕加索在这一阶段的内心是柔软的，他对这位女伴的喜爱之情溢于言表。比起那几位吵闹的朋友，布兰琪的陪伴让毕加索感到宁静惬意。

可惜，这种日子没有延续太长时间。在这一年的冬天，有经济拮据的朋友搬到毕加索的画室与其同住。尔后，布兰琪逃离了毕加索的生活。

布兰琪的离去带给毕加索的是新一轮的消极。他开始与朋友发生争执，并且在工作上开始懈怠起来。全世界都商量好了似的与他作对。他要承受的，不仅是失去伴侣的哀伤，还有经济上的压力以及对家乡的思念。巴黎寒冷的空气，让毕加索当初来到这里时的期望彻底破灭。

回到巴塞罗那去吧，心里有个声音这样告诉毕加索。

当瘦弱不堪的毕加索带着凌乱的行囊回到父母位于巴塞罗那的家时，老人已经快认不出这个儿子了。父母无法想象这几个月发生了什么，让一个神采奕奕的年轻人迅速消瘦萎靡下去。

他们曾拿出身上仅有的财产，将毕加索送往巴黎。如今看到儿子狼狈地回来，他们不忍心训斥。母亲恨不得用几秒钟的时间就做好照顾毕加索的计划，包括对他休息时间的规定、饮食的调理，以及对其心理上的疏导和安慰。这对于一个朴素的家庭妇女来说有点复杂，但对于一位母亲来说，却是爱由心生的表现。

长时间的奔波劳苦，令毕加索身心俱疲。回到家后，他更愿意收起棱角，听从父母的安排，也对生活没那么计较了。他的身心都太需要休息了。

回到巴塞罗那不久，毕加索就与人合租了一处工作室，虽然看上去简陋不堪，但好在有一个大平台，可供友人们喝酒聊天。彼时的巴塞罗那正经历着一场动荡，罢工、示威从未间断。一向对政治不敏感的毕加索似乎没有受到太大的影响，虽然这一时期他也画了写实类的作品，例如他在街上看到的乞讨者、无家可归的人等，但他并没有将角度直接对准这场政治风波。

作为同样被压迫但暂时还没有遭受贫寒之苦的艺术家，毕加索没有如巴塞罗那城中的激进派群体一样，进行讽刺批判活动。与其说他是在自保，不如说他从来都没有一个稳定的政治立场。他对于任何事的观点和判断都处于变化中。直到他晚年，也没有丝毫的改变。

还处于蓝色创作时期且日子过于稳定的毕加索，需要更多的灵感和刺激。他想到了他的朋友雅辛·拉文托斯—— 一个在圣克鲁圣保罗医院的停尸房做实习生的人。他要求雅辛带他到那里去。

在停尸房里，毕加索看到了几十具尸体，正躺在冰冷的空间里静默着。他注意到一具身材娇小的女尸，若是她还活着，应该有着深邃的大眼睛和高挺的鼻梁。她的肤色也应白皙透亮。可如今，她却紧闭双目，面如死灰，嘴角微微翘起，想来她应该走得很安详。

毕加索回到工作室后，便画下了这个死去的女人。

与之前巴塞罗那街头的流浪者相比，以死去的人为模特，更能震撼到毕加索的内心。死亡，只有死亡能唤起他创作的冲动。

停尸房一行，对毕加索的影响持续了很长时间。此后，他开始创作一系列社会底层的人物肖像。

那么，在创作这些作品时，毕加索对所画之人充满了同情吗？恐怕没有。对于这位以艺术为最终目的的人来说，他选择这些人为描绘对象，无非是因为他们抢眼、有代表性，并且能够刺激他的创作欲望。

是的，他需要生冷的啤酒、凛冽的寒风，更需要呼号和哀怨的平民生活。这些东西经过他的画笔转而跃然纸上。他并不在意刚刚画过的那个人出了门是饿死在街头，还是在政治运动中丧生，他只在乎他的艺术作品。每当看到那些人哭丧着面孔，双眼无神地望着自己，毕加索都激动地发抖。他甚至想向那些人喊道："再可怜一点吧！再多给我一点绝望的眼神吧！我要创作！"

毕加索从巴黎回来之后，他形影不离的朋友沙巴特斯并没有一同返回巴塞罗那。他与毕加索虽是无话不谈的好友，却又像是情人那般拧巴得很。那种想要脱离却越缠越紧的关系，让两人不约而同地选择保持一段时间的距离。

然而，距离并没有消减毕加索在沙巴特斯心中的分量。在巴黎居住了三个多月后，诗人提着行李，招呼都不打一声，就直奔毕加索父母的居所。他想要尽快看到他的画家朋友。

原本是想给毕加索一个惊喜，等他睡醒时，第一眼就看到自己坐在他的床边。可是这位喜欢出其不意的诗人却被毕加索惊到了。

他已经不是那个整日熬夜、精神萎靡的画家了。在阳光刚刚铺在画室窗台上时，沙巴特斯看到毕加索已进入了创作状态。毕加索神采奕奕，画笔飞舞得飞快，像早已练习了千百遍似的。

更令沙巴特斯惊讶的是，画室里还有另外一个画家在工作，那是毕加索的新朋友罗卡罗尔。这让敏感的诗人心中有些小触动。他猜测毕加索已经不需要自己了，自己站在这里显得有些多余。

事实证明沙巴特斯多虑了。他与毕加索的关系从他回来开始，瞬间完成了从 0 到 100 的转化。两人仍像在巴黎一样，保持着每天都见面的习惯，虽然有时也会带上毕加索其他的朋友。

在毕加索身边，多数人都要小心翼翼。即便是 1902 年前后，年轻的毕加索就有了令人难以忍受的古怪性格。沙巴特斯算是有一些特权的人，至少毕加索不会对他发怒，并且允许他参与到自己的生活当中。对于其他人，毕加索始终保持着防备和对抗的双重自我保护模式。不过这未必源于毕加索对他人的厌恶，更在于他对自己生活现状的不满。但是在他人看来，那是毕加索赋予自己的扭曲的特权。

巴塞罗那修复了毕加索在巴黎期间所受到的创伤，但这里并不是令他甘心安身立命的城市。巴黎虽然没有伸出双手拥抱这个艺术家，但让他开阔了眼界。相比之下，巴塞罗那只算得上是温暖的暂居地。

巴塞罗那没有变，他却早已不是当初的毕加索了。

巴黎
——疾苦之下的义无反顾

就像藕断丝连的恋人，巴黎虽然伤了毕加索千百遍，但还是让他念念不忘并且义无反顾。

不得不说，这位伟大的艺术家性格中的阴暗部分，与他早年所遭受的创伤有着直接的关系。几次由巴黎回到巴塞罗那，毕加索每次都是带着满身伤痛败兴而归。他在巴黎受尽了拒绝和推脱，时常是刚刚看到一点希望，很快就破灭掉了。这对于一个艺术家来说，实在是令人绝望的。无论是在感情生活还是在艺术创作上，毕加索一生都没有停止捉弄他人，捉弄这个世界。对同一件事摆出相反的两种态度，对同一个人忽冷忽热，都是熟悉他的人见怪不怪的事情了。他后来留给生活的，正是早期生活带给他的。

第三次巴黎之行，等待他的又是什么呢?

生活拮据的毕加索急需赚到一笔钱。他听说巴黎即将举办一场展览，并且是他一直想要与其合作的画商威尔组织的。他需要钱，也想要证明自己。出发前，毕加索深信自己的作品能够很快换得金钱，因此几乎是空着口袋去了巴黎。

然而这一次，巴黎仍旧没有宽容地接纳他。

虽然毕加索声明这一次前往巴黎是冈萨雷斯陪着他的，但实际上应该还有他的朋友罗卡罗尔。人们猜测罗卡罗尔总是在艺术方面打击毕加索，因此他不愿承认有这位友人的陪伴。

罗卡罗尔的回忆才是相对准确的。他记得毕加索是在身无分文的情况下与自己来到巴黎的，而他的口袋里也只有35比塞塔。到达巴黎以后，冈萨雷斯去忙自己的事了，罗卡罗尔留下来为毕加索出主意。他建议毕加索放弃蒙马特，转战到蒙帕纳斯，毕加索随即接受了他的建议。他们在那里找了一间便宜的旅馆住了一个星期，当然，费用是罗卡罗尔出的。罗卡罗尔睡在床上，毕加索睡在地上。

毕加索急切地寻找机会，想将自己的画推销出去。在到达的第天，他就迫不及待地带着作品去给一位印象派画家的经纪人看。可惜这位经纪人的眼光早已不如当年那般犀利，毕加索只好空手而归。他又想到仅一墙之隔就是画商沃拉尔的画廊，不过他在那里也碰了一鼻子灰。

据罗卡罗尔回忆，他们到蒙马特去拜访马特·索托。马特当时的生活也很拮据，但他还是收留了罗卡罗尔，因为他们家族之间很早就认识。此时的毕加索，只能另谋出路了。

尽管毕加索约见了几位德高望重的画家，但一再碰壁，没有人欣赏他的作品。如此热爱艺术并且天赋异禀的人，生活竟将他逼到了如此境地。

不过艺术家并没有因此放弃对艺术的追求。到达巴黎的第二天，他就和旅伴去了卢浮宫。这里对于毕加索来说，才是艺术的天堂。他在这里可以忘却一切烦恼，彻底浸入艺术的海洋里，哪怕多停留一秒，也觉得无比幸福。

尽管再到巴黎的境况暂时不尽如人意，但毕加索从未停止过创作。来到巴黎后，他接触了科奎特，科奎特请他为一本知名的美女画册画了一些明星或交际花的素描作品。这其中不乏著名的演员、舞蹈家，以及社会名流。这些女性大多出身高贵且爱慕虚荣，多数都不知艺术为何物。在与她们交流合作的过程中，毕加索尝尽了白眼，也对她们缺乏品味感到无奈。这些人无一例外地用珠光宝气的恶俗将自己包装起来，每个人都戴着虚伪的面具。

久而久之，毕加索受够了这些令他作呕的人。在这项工作没有完成之前，他就主动退出了。不过，这也为他带来了一小份收入，帮他暂时渡过了难关。

21 岁的毕加索有些心灰意冷，无奈之下只好先在巴黎找了一处小旅馆住下，并画了一幅画面温馨的作品送到威尔那里。他希望这幅画至少能换来一个星期的旅馆费用。

威尔并没有付钱。她没有看好这幅画，实则也确实囊中羞涩。

这下子，毕加索连小旅馆的住宿费都付不起了。在朋友的建议下，他搬到了雕塑家阿赫罗的阁楼里，以每星期五法郎的价格分租了一间房。

这间房极小，头顶上是压得人直不起腰也喘不过气的大斜顶。房间中央，不，算不上是什么中央，被一张铁床占据着。若是来了朋友想要在房间里站一会儿，另一个人就必须躺到床上去。唯一透得进光的，是斜面上那扇堆积了厚厚污垢的小圆窗，风吹来的时候，还会听到类似塑料抖动的微小声音。

就着昏暗的光线，由于没有足够的钱购买画材，毕加索在这里创作出的以素描为主的作品多数色调暗淡，主题也偏沉重。

到巴黎后不久，毕加索有幸接触到一位他十分敬仰的法国艺术家尤金·卡里埃尔。这位艺术家的油画一向被广泛关注并得到很多前辈认可。毕加索对他的画着迷，并十分虔诚地拜访了他。之后，毕加索着手模仿了卡里埃尔的一些画作，包括其为妻子和孩子所创作的油画。毕加索由此更加钟爱母爱题材的创作。

当画材几乎用尽，甚至连食物都无法保证时，毕加索再也无法

毕加索，为安吉尔治疗神经衰弱症画的广告。巴塞罗那，1902年

忍受了。有一天，罗卡罗尔步行回到自己的住处，刚到楼下，就看到毕加索匆匆走下来。罗卡罗尔原本以为是朋友来找自己，就热情地邀请毕加索上楼。

“不了。”毕加索说出这两个字时，眼神里透露着慌乱。他对朋友直言到，自己刚刚去了他的画室，看到桌子上有两片面包，就吃掉了，又看到桌子上有一个硬币，也拿走了。

罗卡罗尔对毕加索的行为丝毫没有厌恶之感。相反，他内心同样生出一种无力感。尽管他之前曾在经济上接济过毕加索，但如今也无能为力了。

毕加索在这一时期创作了几幅自画像，从中我们可以看出他当时的无奈与自嘲。其中一幅称为《猴子一般的自画像》，毕加索将自己画成近乎一只猴子的模样。他长着混乱胡须，头发油腻，身后

毕加索《猴子一般的自画像》，巴黎，1903年1月1日。钢笔和纸，11.8厘米X10.7厘米。毕加索博物馆，巴塞罗那

插着两只画笔。他的手和脚都似猴子一般，后面还有一条粗壮的尾巴。这幅画是在 1903 年的第一天创作的。想必艺术家在这一刻，一定满心惆怅——又是新的一年，自己的事业却毫无起色。

那些自画像大多数是裸体的，代表着毕加索当时一无所有的状态。头发总是被画在一边或者中间，看起来十分奇怪。

另一位朋友在此时收留了毕加索。诗人雅各布当时正忙着照顾他的学生——他为了微薄的酬劳在给富有家庭的孩子做家庭教师。他带着他的学生来到毕加索的居室时，发现原本狭窄的小房间已被邋遢的毕加索弄得面目全非。雅各布一只脚都插不进去，只好在门口难过地站着。

他将毕加索带回自己的住处，他不能再让自己的朋友居住在那样的环境下，虽然他的状况也是差强人意。

大概世上没有完美的朋友，也就没有完美的救助。雅各布虽然为毕加索解了燃眉之急，但令毕加索产生了新的不安。

这位诗人的私生活一直为外界所诟病。毕加索了解这一点，因此与这位朋友居住在一起令他感到尴尬。

后来，不知是不是雅各布听到了什么传言，抑或是看出了毕加索的尴尬，不久后，他宣称自己有女伴，要过自己的生活。

毕加索自然赞成雅各布投入到这场恋爱当中，既避免了别人的误会，也不会影响他们住在一起。实际上，雅各布对这个已婚女人知之甚少，也没有投入太多感情，只知道她有一个暴力、乖戾的丈夫，那个男人经常动手打她，还有 13 个来路不明的情人。

这个女人对雅各布倒是钟情，从不会让他为自己花钱，反而会做一些零工贴补他们的花销，并且在生活上尽可能地照顾他。但是他们并没有相处太久，两人最后分手也是雅各布决定的。为了避嫌，毕加索一直极力宣传两人的关系。

几十年后，在雅各布死后，毕加索为他的《英雄时代的传闻》做了四幅版画插图。其中三幅是普通肖像画，最后一幅是雅各布半裸的画。画中，雅各布露着后背和半边臀部。毕加索对这位朋友的性取向总是避而不谈，并曾试图引导他接受正常的恋爱关系。不过，这个问题从来都不是他们之间的障碍。

1902 年冬天，毕加索的创作事业有了一丝转机。他委托威尔出售的作品，在 11 月 15 日至 12 月 15 日之间的展览中参展。除了毕加索的作品，还有另外三位画家的作品一同展出。然而，毕加索没有卖掉一幅画。不过，令人欣慰的是，评论家查尔斯·莫里斯在《法兰西信使》上发表了一篇文章，对毕加索大加称赞。这算是媒体对毕加索具有重要意义的一次肯定：

这位年轻人非同寻常的作品中有一种贫瘠的悲哀的重压。他的作品是无法估量的。毕加索是这样的人，他在学习阅读之前就会画画，他能用画笔表达任何存在的事物。他可以说是一个努力改变这个世界的年轻神灵。但他是一个阴郁的、不会发笑的神。他画的数百个面庞愁眉苦脸——从不露齿而笑。他自己的世界恐怕并不比他画的麻风病棚屋更宜居。至于画作本身，是病态的——是否可以治愈，我并不知道。但可以确信的是，他有能力，有天分，有才华。多么好的素描！一个蹲伏的裸体也一点不乏神奇之美。多么好的构图！一个男人和一个女人在一个音乐厅中，他们从背景中的舞台上走开，那儿有一个跳舞者正在一片灯光中表演，这就像《恶之花》中的某个场景般令人不安和激动人心。性别不清的人们，眼神忧愁的“尘世厄默”，低着头，双眉阴暗，充满了绝望和犯罪感……孤注一掷的人们是不是可以用这幅画重新恢复生机？这位如此早熟的男孩莫非注定要创造杰作来表达消极的生命意识，或要表达他比其他任何人遭受了更多的病痛……

莫里斯向来以毒舌著名。他的评论总能引起轩然大波，当然也受到很多人的追捧，因此他的报道可传播到巴黎的每一个角落。这让更多的人知道了画家毕加索，也让更多的人对毕加索另眼相看。

然而，这并没能在实质上给毕加索带来收益，他还是没钱。

毕加索又打算回到巴塞罗那。

可是这一次不仅是回与不回的问题，而是他连回家的车票钱都凑不到。最后他求助于颜料商的太太，并用自己的一幅画《海边的母与子》换来了200法郎。

解决了费用问题，毕加索开始收拾回程的行李。

此次来巴黎，毕加索是打算长住的。因此，他来的时候几乎将整个蓝色时期的作品都带在了身上，看上去只是一捆，实则非常沉重。原本打算将这些画尽可能多地卖出去，结果根本没有人要。总之，所有的办法都想过了，结果却事与愿违。

带着一大卷画回家，可是一项大工程，毕加索情愿将它们存放在巴黎。或许他那时候就想过，早晚还会再回到巴黎的。

最后，毕加索选择他信任的雷蒙·皮乔特来保存他的全部家当。对方爽快地答应了，并告诉毕加索会将这些画放在家中橱柜的顶部，不会有人去翻那上面的物品。可是当一年之后毕加索再到巴黎，想要取走自己的画时，对方却告诉他，无法找到那些画了。毕加索心急如焚，再三催促对方寻找。最终，在橱柜的西面，他们发现那一卷画作安静地躺在黑暗的角落里。

实际上，躺在那里的不仅是一卷画作，而是毕加索蓝色时期的所有作品，那是一团永不熄灭的蓝色火焰。

清醒

——丢不掉的“巴黎灰尘”

就连毕加索都惊讶，自己竟然对于巴黎这个城市的热情丝毫不减。他恨那里，更爱那里，因为只有巴黎能给他想要的一切。因此在返回巴塞罗那的路上，他就下定决心，不久之后，他还会怀着最诚挚的热情前往巴黎，就像从未去过那里一样。

终于回到了家里，与父母打过招呼后，毕加索回到卧室呼呼大睡起来。母亲心疼儿子，蹑手蹑脚地来到床边，看着熟睡的他，心疼不已。母亲知道这一次毕加索又是空手而归，并且所受的打击比上一次还要大。她气他的执着，也气自己的无能。她所能做的，只有在他呆在家中的有限时间里，尽力照顾好他。

毕加索一觉醒来，发现睡前扔在地上的衣服和鞋子都不见了。他急忙询问母亲，当他得知那些脏衣服和鞋子早已被母亲洗干净晾起来了后，瞬间暴跳如雷，责备母亲没有经过他的同意就翻动他的东西。他接着气急败坏地夺门而出，留下母亲在身后流泪。

善良的玛利亚想不通，儿子为何因为这点小事就对自己发怒。纵使他在巴黎受了委屈，也不该将怨气撒在自己母亲身上啊。

玛利亚不知道，毕加索对巴黎的执念已经令他鬼迷心窍了，哪怕是巴黎带回来的灰尘，他都想永久地留在身上。巴黎于他而言，是神圣而充满希望的。玛利亚若是知道儿子发脾气的原因，并且清楚他心中重新燃起的希望，会不会觉得宽慰一些。

毕加索抓紧时间开始为下一次的巴黎之行做准备。他找了一处空房子做画室，不过依然与父母同住。从巴黎回来以后，他像是找到了努力的方向，并且不再躲避父母的照顾。

至于那处画室，竟然是毕加索曾经与卡萨吉玛斯一起装饰过的地方。他去巴黎之后一直是安赫尔·索托在使用。其实毕加索大可不必使用这里，我们可以猜测，他故意显出不介意的样子，是想要告诉大家，卡萨吉玛斯的悲剧与自己无关。在其死后，毕加索一直以各种方式对外宣告着。

毕加索的生活就像增添了颜色，他比之前明显乐观了一些。在创作风格上，他开始追求一种更有深意并且更高尚的主题。他认为，与早年创作的宗教主题相比，只有如今这些主题才会让巴黎人高看一眼。

在巴塞罗那，毕加索做任何事都会更顺手一些。他回来没多久，就找到了赞助他的人，即塞巴斯蒂亚和卡尔斯两兄弟。实际上，这两人也是刚刚成为有钱人。他们在认识毕加索之前不久，才从伯父的手中继承了规模不小的店铺。这里的收入足够这两个年轻人生活，但他们想做一些其他的投资。

为了尽快与两位“金主”熟络起来，毕加索会经常到店铺里，与兄弟二人聊天。他们很欣赏毕加索的画，有时聊着聊着就请他随便涂鸦些什么。

兄弟二人对艺术感兴趣，但又实在没什么天赋。在得到继承权之后，他们的生活的确发生了翻天覆地的变化，可以花更多的钱在享受上，而不是用心思在绘画上。至于毕加索的画，他们二人收藏了一些。可想而知，几十年后，兄弟二人凭借这些价值不菲的收藏，便可衣食无忧。然而，他们对金钱的贪婪从年轻时就养成了，以至于琢磨起伪造毕加索画作的勾当。

由此看来，他们过早地继承了伯父的财产，对他们而言并非好事。

毕加索《犹太老人》，巴塞罗那，1903 年。布面油画，125 厘米 X92 厘米。普希金博物馆，莫斯科

还有一位经济状况较好的裁缝，也为当时的毕加索提供了经济上的支持。他曾用自己手艺赚来的钱，资助过几位画家和作家，并一直引以为傲。在毕加索身上，裁缝先生为他提供了食物和衣服，有时他们还会共进晚餐。作为回报，毕加索要为裁缝先生及其家人画一些肖像画。

虽然用画作直接换取衣食，听起来似乎显得悲哀，但在作画过程中，毕加索坚持要掌握主动权，也就是说，被画的这一家人必须任凭毕加索摆布，这样他才肯为他们作画。

令裁缝一家不解的是，毕加索并没有像其他画家那样，为这些家庭成员选择铺满阳光的松软草地，反而拿着一大块滑稽的蓝色幕布，要他们坐在上面，假装在野餐。虽然裁缝一家对此表示质疑，并且试图与毕加索商量在画面上补上树林的场景，可是遭到了毕加索的拒绝。

再三讨价还价之后，毕加索为他们加上了风景的部分，不过随后在这幅画卖掉的时候，人们发现风景部分又被涂抹掉了。至于毕加索为家庭成员个人所画的肖像画，也是使用了大面积的蓝色。不得不说，这看起来让人觉得有些诡异。

与此同时，毕加索在为其他人画肖像画时，也始终处于拉锯状态。在一进一退的过程中，人们发现毕加索的画作中出现了显眼的粉色。

第一个发现者是沙巴特斯。在为他画的一幅肖像画中，毕加索使用了粉色来画他的嘴唇，并且将这一部分画得十分明显。虽然粉色在油画中并不是过于鲜艳的颜色，但在看惯了毕加索以蓝色为主基调的画作后，沙巴特斯的眼前还是一亮。

在沙巴特斯的口述中，他始终认为毕加索的创作进入蓝色时期的标志是为他所做的一幅肖像画。在那幅画中，毕加索首次使用了明显的大面积蓝色，沙巴特斯认为那完全可以说是蓝色时期的开端。

沙巴特斯同样认为，粉色嘴唇的这幅画亦是毕加索粉色时期的开端。总之，毕加索两次的创作变革都是从他开始的。

毕加索前往巴黎的想法越来越强烈。他想再一次挑战未知，可是又觉得自己还没有完全准备好。于是，他对目前的工作方式进行了一部分调整。

首先是对工作室迁址。毕加索并不是喜欢绝对独处的人，以他当时的经济状况，想要独立租下环境不过于不堪的画室是不容易的。不过在他此次前往巴黎之前，却从未有过如此破釜沉舟的举动。此外，距巴黎越近，毕加索越是有些心高气傲。平日里来到画室吃吃喝喝的那些朋友，那些他原本很愿意与之相聚的人，如今看起来越发有些碍眼。

特别是在当天创作不顺利时，朋友们喧哗的声音就会触动毕加索暴躁的神经，虽然他们都是像往常一样，赶在他完成当天绘画计划之后才过来的。毕加索甚至觉得，与他们做朋友，是自己退而求其次的选择。真正适合与自己交往的，恐怕早都去了巴黎。只有那些没有真才实学、在巴黎无法生存的人，才会选择留在巴塞罗那。

当然，与他们不同的是，自己只是暂时留在这里。

毕竟，这些朋友有一部分是安赫尔·索托邀请来的。毕加索为了能够在前往巴黎之前有真正拿得出手的作品，只好单独租下了另一处画室。他需要一个绝对安静的空间。这种安静不单单指声音，他想在一个没有人认识他的空间独处，哪怕这里同样是嘈杂的。

实际上，在搬出来之前，毕加索已经完成了一幅相对满意的作品，那是蓝色时期较为经典的《塞莱斯蒂娜》。

这个名字源于费尔南多·德·罗哈斯的小说《卡里斯托和梅丽贝娅》里的一个反面人物形象。后来这个名字被人们用来专指油滑的媒人。在小说中，塞莱斯蒂娜从事着几种不同的职业，并且用她的小聪明赚到了不少钱。而现实中为毕加索当模特的妇女卡洛塔，其所工作的地方距离毕加索的画室很近。

卡洛塔本人实际上比毕加索想要画的人物好看很多。为了突出人物的气质，毕加索在卡洛塔形象的基础上，增加了一些雄性的特征。在当时的西班牙，女性脸上带有少许胡须被视为高贵的象征，令人羡慕。因此，当瞎了一只眼睛，浑身散发着中性魅力的塞莱斯蒂娜出现在画布上时，就连毕加索自己都赞叹不已。

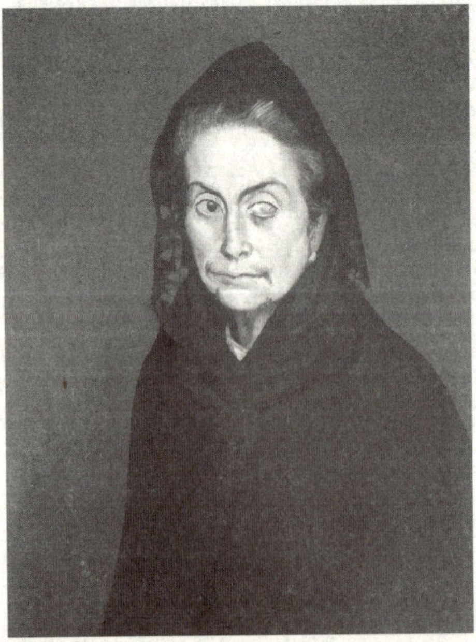

毕加索《克莱斯蒂娜》，巴塞罗那，1904年3月。布面油画，81厘米X60厘米。毕加索博物馆，巴黎

《塞莱斯蒂娜》有一种特殊的感染力，它鬼魅神秘，让人忍不住想去看它，但同时又想躲避它。这也是画者想要追求的效果。

巴塞罗那再也没有毕加索留恋的东西。随着前往巴黎日期的临近，毕加索越发厌恶这里。他想到刚刚从巴黎回来时，回到家里睡的第一个好觉，母亲准备的第一顿丰盛的晚餐，以及朋友们从不间断的陪伴与照顾。所有这些点点滴滴，竟不能引起他一丝兴趣。看着日趋年迈的父母，毕加索并没有惆怅的情绪。就像和曾经日夜相守的朋友一样，他和家人也因“巴黎之梦”而逐渐陌生起来。

巴塞罗那能给他的，许多城市都能给。可是梦想、挑战、机遇，只能在巴黎找到。

第三章／粉红色时期

——原始主义的素体诗

洗衣船

——稳定的立足之地

1903 年，毕加索倾注了全部精力与金钱，并且耗费了大部分亲情和友情，只为余生都生活在法国，成为一名“法国艺术家”。

事实证明，当千年一遇的天赋搭配上百年一遇的决心，产生的就是前所未有的成功。

第四次到巴黎的初期阶段，毕加索仍然逃脱不掉贫穷的桎梏。善良的父母为他联系了在巴黎定居的神父桑托尔。桑托尔在这里建立了一家收容所，专门接待无家可归的人。他曾回忆，毕加索第四次来到巴黎，最初确实在自己的收容所使用过一张床铺。那个年轻人带着几乎全部的家当，还有一只从家乡带过来的小狗。

对于桑托尔的叙说，人们后来找到一幅毕加索为其绘制的画作，以此来证明他当初向毕加索伸出援手的真实性。然而，毕加索对此始终不以为意。他的解释是，这幅画是由于当时桑托尔神父借给自己一些钱，自己作为报答为他画的。

毕加索总是想办法掩饰自己早些年过于凄惨的经历。这位敏感的艺术家极不情愿承认一些过往。他认为，他人对自己在困境时的帮助，反而映衬出自己当时的无助与卑微。那是他不愿被别人了解的一面，更是他无法直视的一段过往。

这种不断作祟的“自尊心”即使在毕加索成为名副其实的法国画家之后，也从未停止过。

在巴黎的第一站，毕加索选择了和他有着同样境况的艺术家们的聚集地——洗衣船。

洗衣船位于皮加勒区与蒙马特高地顶端之间的拉维尼昂街13号。这一处木制建筑群构造十分特殊，不仅举架高，在地下还有多处隐蔽的暗房。门和窗又高又窄，室内见不到多少阳光，总是阴沉沉的。外墙破旧，时有裂缝。每当暴雨来临时，屋顶嗡嗡作响，墙壁向内渗水，整个楼体都随着大风晃动，那种感觉就像站在塞纳河畔的洗衣船上，这一建筑也因此而得名。

这里最早是一家钢琴厂，倒闭后变成锁匠的作坊。再后来，其因独特的构造以及低廉的价格，成为一些时运不济的艺术家的聚集地。

在毕加索初到洗衣船的时候，这里被称为“诗人聚集地”。这里的诗人数量多于画家，地位也比画家高一些。但在1907年以后，随着更多的画家加入，便没有人再这样称呼了。

毕加索居住的房间，相比之下条件尚可。屋子里面比较明亮，白天见得到阳光，雨天也不会过于潮湿。这得益于他居住的这一层窗户很多，这也是毕加索最中意的一点。

虽然洗衣船被很多当地人视为杂乱的地方，又脏又破，还住着正常人眼中的“异类”，但当年与毕加索同在这里居住过的艺术家们，包括画家、雕塑家高更，剧作家保罗·福特等，无不在努力地工作着，企图以此改变自己的命运。他们当中，有人成功了，有人失败了。当然，毕加索算是成功者中的佼佼者。其实，他们当中的每个人都是鲜活的个体，都有梦想与坚持。单就这一点来说，他们与毕加索并无区别。

小小的一片区域，在外人看来如废旧的垃圾处理站一般。但在租客们的眼中，这里不仅为他们提供了廉价的住处，还让他们认识了来自世界各地的有趣的人——有诗人、有画家、有雕塑家，也有商贩。虽然他们职业不同、出身不同，但是鲜有矛盾。有的，只是惺惺相惜，以及一种近乎抱团取暖的依赖感。

毕加索《拄拐杖的乞讨者》，巴塞罗那或巴黎，1904年。钢笔、淡彩和纸，36厘米X24.8厘米。私人收藏

当时的毕加索，虽然在经济状况上与之前没有太大差别，依然为衣食发愁，但他已在绘画圈子里小有名气了。他不仅受邀为居住在洗衣船的画家们看画、提出建议，还受到当地文化官员的重视。

不过，这并没有彻底改变毕加索的生活。

1904 年，一个女孩进入了毕加索的生活，也不止一次出现在他的画作中。她叫玛德琳，一个纤瘦的女孩，可惜她并没有在毕加索身边停留太久。她发现自己怀孕之后，还与毕加索商量着接受了堕胎手术。毕加索并非讨厌孩子，而是惧怕对一个新生命负责，他根本无法想象自己即将要成为一个父亲。因此，在这件事的决定上，他是决绝的。只不过在这一时期的作品中，我们能看到几幅关于母与子主题的作品，它们充分体现了毕加索对稳定家庭生活的向往，以及内心的不安和愧疚。

然而，就在可怜的生命第一个重要的情人费尔南多出现了。

关于毕加索与费尔南多的相遇，还流传着一个生动的故事。

在洗衣船的一次化装舞会上，那些艺术家将自己扮成他们平时画作里或雕塑作品中出现的形象——国王、小丑……毕加索则将自己装扮成西班牙斗牛士的样子。显然，这套装扮再适合不过了。他很享受这种氛围，尽情地与其他人哄笑着，十分放松。

就在这位浑身散发着魅力的斗牛士倚靠着栏杆看向大门口时，他的视线里出现了一个拉丁舞者。这就是他生命中非常重要的女人之一——费尔南多·奥利维耶。

费尔南多看懂了毕加索眼中的炙热，只一个眼神，她就轻轻地向他走了过来。

“你一定就是那个大家都在谈论的疯狂的西班牙人。”这是费尔南多的开场白。

毕加索《玛德琳肖像》，巴黎，1904 年。粉蜡笔、水粉和卡纸，67 厘米 X51.5 厘米。毕加索博物馆，巴黎

毕加索有点意外，“他们都是怎样评论我的？”

“他们说你就是个混蛋，还自诩为艺术家。”

对于费尔南多的回答，毕加索非但没有生气，反而哈哈大笑起来。要知道，若是平日里听到有人对自己如此不屑，他定会暴跳如雷。大概是酒精起了作用，毕加索不愿去计较，更可能的是，眼前这个女孩着实可爱，让他没工夫去搭理别的事。

“这不是什么坏事吧，至少说明我很自信。”毕加索尽量表现出大度的样子，就是为了给面前的女孩留个好印象。

“这要看是谁了……不过你算是我喜欢的那一类男人，自信，有气魄。”费尔南多的话里带着挑逗的意味。

毕加索有点眩晕，对方的夸赞来得太直接。作为一个男人，他又怎能对如此动情的话语充耳不闻呢。他一把拉过费尔南多，两个人忘情地拥抱在一起。

就在此时，一个愤怒的男人突然大喊起来，打断了他们的激情。毕加索抬起头，原来是他的房东，一个整天红着脸、粗着脖子的小个子男人。在他的身后，还有两名表情严肃的警察。

“就是他！”房东伸出粗实的手指，死死地指向毕加索，从他的指尖仿佛能够发出一股冲击波，将毕加索撂倒。“他已经欠了我三个月的房租，还有闲心在这里开舞会。”

听到房东的声音因气愤而有些发抖，毕加索觉得有些好笑，他没有直接回应房东的质问，只是默默地看了身边的费尔南多一眼。尽管第一次正式接触就遇到了如此尴尬的场面，但毕加索还是希望尽力保护好这个女孩，不在她面前太过丢脸。至于钱的事，他并没有太在意。在洗衣船这个地方，拖欠房租，被骂，被羞辱，人们早已见怪不怪了。

“我现在就要没收你的全部家当，包括你的家具和你的那些画。”房东恐吓道。

“你敢碰我的画，我就让你活不到明天！”一说到自己的画，那可是比生命还重要的东西，毕加索愤怒的情绪忽地猛蹿到头顶。他拽过费尔南多，将她拉到身后。如果双方有暴力冲突，他必须在尽可能理智的状态下保护好她。

“你们看看，警察先生，他欠了我的房租，反过来还要吓唬我！”房东气得发抖，回头用求助的眼神盯着那两个警察。

两位警察先生不负房东的期望，气汹汹地走过来，准备将毕加索抓起来，扭送到警察局审问。

毕加索向后退了一步，正不知如何是好。

“等一下，”费尔南多温柔而坚定的声音传了过来，“他欠你多少钱？”

房东怔了一下，随即发出戏谑的笑声：“哈哈哈哈，怎么，你想帮他还清房租吗？”

“那又怎样？”费尔南多不依不饶。

“呦呵呵，”房东的声音里带着明显的蔑视，“一个靠出卖肉体的女人，要帮助一个落魄的穷小子还钱，哈哈哈，这会成为所有人都感兴趣的花边新闻！”

“你是不想要你的钱了吗？”费尔南多被房东的话激怒了。她上前一步，盯着房东的鼻尖挑衅道。

“你以为自己是什么东西？”房东也发怒了，朝费尔南多白皙的脸上甩手就是一巴掌。

费尔南多被吓到了，脸上瞬间泛起清晰的手印。

毕加索见心上人被羞辱，再也克制不住内心的愤怒，迅速走到房东面前，在众人还没反应过来时，用手锁住了对方的喉咙。

突如其来的境况把房东吓坏了。喉咙被毕加索死死锁着，他张着嘴却发不出声音。为了寻求帮助，他的双手朝两个警察的方向挥舞着。

两个警察自然不能眼看着这种情况发生，赶忙上前制止。可是面对像公牛一样强壮的毕加索，警察也没能将二人分开。

眼看事情闹大了，费尔南多抬起手，拽住毕加索的胳膊，示意他放手。此时的毕加索也冷静了一些，便将手松开。

从那只恐怖的手掌中解脱出来的房东，立刻躲到警察的身后，大口地喘着粗气。“警察先生，你们也看到了。那个野蛮人很危险，他只会用暴力解决问题。”

费尔南多担心警察真的将毕加索带走，便十分委屈地说道：“警察先生，我已经答应承担全部租金了，是这位房东不依不饶。”说罢，她的眼睛里闪着细微的泪光，看着两个警察。

警察也觉得费尔南多的话有道理，既然房租收到了，就没必要再在这里纠缠下去了。于是，他们带着愤愤不平的房东离开了宴会场。

几位不速之客消失后，宴会场里顿时响起热烈的掌声。大家像拥护勇士一样赞美着毕加索，他英雄救美的行为获得了众人的称赞，也得到了费尔南多的芳心。

费尔南多对于两人初见的这个故事并不认可。据她说，两人相遇在一个风雨交加的夜晚，当她路过毕加索身边时，对方突然将一只小猫举到她的面前。她与他相视而笑，两人就这样认识了。

情人
——美丽的费尔南多

费尔南多对于第一次进入毕加索住所的情形记忆犹新。她在回忆录中叙述了自己内心的惊奇以及对毕加索毫不掩饰的爱恋。从她的叙述中，我们能更加清晰地从侧面了解毕加索当时的生活状态：

在画室里，巨大的、未完成的画布到处都是，这里的一切都表明处于工作状态：但是，天哪，这里多么脏乱啊！

在画室的一个角落里，他破烂的床上仅有一个床垫。生锈的小铁炉上，有个黄色的陶碗还没有洗；在火炉旁边有张白木桌子，上面有块毛巾和一小节肥皂。在屋子另一个小角落里，放着一张寒酸的很不舒服的小座椅，是由木头涂上黑漆做成的。画室的地板上一片狼藉：一把藤制椅子、各种画架、大大小小的画布及各种颜料管，还有满屋子的画笔、油料罐和一个用来盛蚀刻液的碗。画室没有窗帘。毕加索在桌子的抽屉里养了一只宠物小白鼠，他细心照料并拿去给他画室的每个人看。

……这个画室在夏天就是火炉，所以毕加索和他的朋友们脱得精光，这并不是怪事。他们会半裸着身子接待来访者，如果不是全裸；他们只在腰上系着一条围巾。

不管怎样，毕加索不喜欢穿衣服，他健美的身体已经不是什么秘密了，他有着小巧的双手和引以为傲的双脚和腿，它们虽然有些小但是那么的俊美。他的肩膀宽阔有力，他是那么健壮。他总是遗憾矮那么几英寸，如果不是因为这一点，他的身材比例将会更加完美。

冬天的时候，工作室很冷，前一天茶叶留在茶壶上的渣滓还没来得及清洗第二天就冻上了。但是，这寒意并没有减缓毕加索夜以继日的工作。

毕加索《费尔南多头像》，巴黎，1905年1月。蚀刻板画，12.1厘米X9厘米。毕加索博物馆，巴黎

费尔南多也是一个可怜人，她早年承受了那个年龄不该承受的挫折。因此，她逃离了家乡，在巴黎过着得过且过的生活。

遇到毕加索之后，费尔南多觉得，

她这些年所经历的种种磨难，都是为了有一天能遇到毕加索，这才是她一直要寻找的。原本她对自己的生活已不抱希望，可是毕加索就像一首节奏鲜明的曲子，唤醒了她对美好生活的向往。

费尔南多搬到了洗衣船，开始了与毕加索同居的生活。

很多人会感到费解，为何在费尔南多搬到毕加索画室居住的一年之后，她才出现在毕加索的画作里，之前只有几幅简单的作品上，能模糊地看到她的轮廓抑或是概念性的面孔。

毕加索曾说过，费尔南多性感的外表与蓝色时期的风格并不相配，但人们猜测他更多的是想避免麻烦。即便在与费尔南多感情稳定之后，毕加索笔下的女性人物仍逃脱不了玛德琳纤瘦的样子。

与此同时，对于费尔南多与其他情人的藕断丝连，毕加索并非完全视若无睹。在他1904年前后的作品中，不仅出现过费尔南多并不明显的头像，同时这些头像还时常与一个头发蓬乱、外形古怪的男性人物出现在一

毕加索《艺术家看费尔南多入睡》（冥思），巴黎，1904年。钢笔、水彩和纸，36.8厘米X27厘米。私人收藏

起。人们猜测，这个男人正是费尔南多当时的情人之一。这些画也是毕加索内心真实情感的表现。

在他心里，有个恶魔般的男人正在窥视着自己心爱的女人。然而，他对此却毫无办法，只能眼睁睁地看着这一切。这恐怕是他唯一的权利。

费尔南多对于毕加索来说，是多年来所遇到过的女人当中最风情、最美丽的一位，也是最让他满意的一位。她不仅给予了他在生活方面的需求，哪怕在自尊心上，也能充分满足自己。毕加索前所未有地、积极地带着自己的新情人参加聚会，介绍给熟识的、陌生的每一个人。

在外人眼中，毕加索和费尔南多成为洗衣船里最幸福的一对情侣。清晨，毕加索会牵着费尔南多的手，穿过卢森堡花园，有时他们也会租马车。费尔南多很喜欢在池塘旁边喂鸭子和鸽子。毕加索有时会带着画架，在这里画上几笔。费尔南多觉得，认真作画时的毕加索最有魅力。毕加索觉得，在大自然中嬉笑的费尔南多最美。

太阳下山，毕加索会带着费尔南多参观博物馆，为她介绍那里珍贵的收藏。费尔南多常常听得入神，她对古董不太懂，算是欣赏得来。毕加索时常暗揣：费尔南多真是个不可多得的伴侣，既美丽，又懂一些绘画和雕塑，与她在一起时，自己总有说不完的话。

天色暗下来了，毕加索带着费尔南多回到洗衣船的出租屋内。费尔南多会将路上采来的野花插在瓶子里，让画室立刻有了生机。就连最简单的面包，二人也能吃得心满意足。

然而，在现实生活面前，爱情的甜蜜总是那么不堪一击，特别是对于当时的毕加索来说，想要留住身边的美人，的确不是一件容易的事。敏感的毕加索深知这一点，也就更加小心翼翼了。可越是小心，就越是会在对方面前暴露偏执的一面。

费尔南多的多情一直是毕加索的一块心病。为了让费尔南多少招惹是非，他不允许她独自出门。若她想要出去闲逛，毕加索一定要陪同。至于日常用品的采购，毕加索则一人独揽。费尔南多没有出门的借口，只好整日待在家中。

无聊时，费尔南多想要整理家务，可是毕加索连这些都不让她做。他大概不喜欢自己的画材或生活用品被乱动，他连一双鞋都不给他的心上人穿。费尔南多每天光着脚走在出租屋冰冷的地上，脚底被染得五颜六色。

在最初的同居日子里，费尔南多将毕加索对自己的控制看作是“爱”的表现，甚至为此而沾沾自喜。可能她骨子里喜欢霸道的男人，而毕加索又总是在霸道的基础上给她温馨的感受。可当激情褪去，她不再将这种“控制”当作乐趣，而是不满和抵抗。因此，两人开始有了争吵。

争吵的原因还不止于此。真正致命的问题是经济上的捉襟见肘，这让费尔南多心生怨恨。

那一段时间，毕加索的画作卖得很不好。负责出售他作品的那个画商，很久都没有卖出一幅毕加索的画了。因此，毕加索与费尔南多连续很多天都是以面包充饥，连一块火腿或一条鱼都没有钱买。

这一天，毕加索胳膊里夹着一卷画，垂头丧气地回到家。费尔南多见到他这个样子，就知道今天又是一无所获。许多天压抑的气氛和内心的不满使她控制不了自己的情绪。

“今天在沃拉赫那儿怎么样？”看似询问，实则语气中已经有了埋怨。

毕加索听得出来，他是如此敏感，怎么会不明白费尔南多话中的意思。但他没有力气与她争吵，很想休息一会，之后继续画画。

可是当毕加索抬起头，却发现对着镜子梳头的费尔南多，正从镜子中望向自己。没办法，他只好继续解释：他的画作并不受欢迎，人们似乎对这种粉红色的风格不感兴趣。

费尔南多也不想过多地为难毕加索，她建议他改变一下绘画风格。“画得欢快点，或许会有人买。”这是她的想法。

“什么？你是要我向那些毫无品味的人低头吗？”费尔南多的话点燃了毕加索的怒火。“让我为了钱妥协？我做不到！”

看到毕加索气得跳了脚，费尔南多倒是冷静多了。她站起身，系了系粗布制成的睡衣。“好吧，那你告诉我，我们拿什么过活？”费尔南多叹了一口气，接着说，“要不是那些慷慨的朋友接济我们，我们恐怕早都饿死了！”

费尔南多本以为她的这些话会进一步激怒毕加索。没关系，她就是想要他愤怒。当一个人连饥饿都无法解决时，谁还需要风平浪静？毕加索那令人崩溃的沉默每天都在上演，此时或许唯有愤怒能改变些什么。

毕加索想坚持自己的想法，可是也觉得自己没了底气。他拿什么去说服费尔南多呢？又凭什么要求对方与自己一起承受这些呢？

毕加索很想安抚自己的情人，可又不想让自己看起来过于卑微，只好说了一句："我累了，不想继续谈论这个话题。"他用无奈掩饰了自己的愤怒情绪。

"好吧，你累了就休息。"费尔南多说完这句话，穿上外套，向门口走去。

"你去哪？"毕加索急了，上前一把抓住费尔南多的胳膊，"我不允许你独自出去！"

"我能去哪？我要去酒吧。反正我这里还有一杯酒的钱。"费尔南多用挑衅的目光看着毕加索，接着头也不回地离开了家。

费尔南多一夜未归，她究竟去了哪里，毕加索也不清楚。在他们同居期间，费尔南多不止一次在争吵之后一个人跑出去。有时候，她会在毕加索睡熟了之后，蹑手蹑脚地回到床上，就像什么都没发生过一样，继续过着他们贫苦的日子。有时候，则是在几天之后。

只是每一次费尔南多消失之后，都会带着一些钱回来。

毕加索从不过问她去了哪里，以及那些钱是从哪里来的。事情说得过于清楚，只会徒增烦恼，况且他需要费尔南多，也需要钱。

马戏团
——如乞丐一般的处境

1904 年，就在毕加索生日的前几天，他的生活里出现了一位新朋友——纪尧姆·阿波利奈尔。

在此之前的很长一段时间，毕加索与雅各布的关系一直处于紧张状态。更确切地说，是毕加索单方面在质疑他们的关系，因为他发现雅各布身上出现了早期卡萨吉玛斯的影子——雅各布对于他同样崇拜、依赖，将他视作生活的大部分。很多时候，自己被当作另一个人的信仰，并不是一件令人骄傲的事情。毕加索只会感觉到压力，特别是有了卡萨吉玛斯这个前车之鉴。此外，雅各布的性取向问题，也始终是毕加索心中的一根刺。

同样作为诗人，阿波利奈尔就显得独立和自信得多，毕加索喜欢他身上那种独特的魅力，就像看到另一个自己一般。他可以是挚友，也可以是对手，总之，会让人不由自主地想要去了解他。

通过进一步的了解，毕加索对这位诗人的兴趣愈发浓厚，阿波利奈尔本就有着谜一样的身世，毕加索更愿意在朋友圈里故弄玄虚地介绍这位诗人朋友，甚至对其身世添枝加叶以显示他与阿波利奈尔私交甚密。

毕加索并没有过于夸张地修饰他与阿波利奈尔的关系，他们确实在认识之后的短时间内就成为极要好的朋友。阿波利奈尔随后退掉了他在阿姆斯特丹大街上租住的房间，搬到了洗衣船，加入了毕加索的生活圈。这应该是两人亲密关系的最直接证明了。

阿波利奈尔对于毕加索绘画的影响，特别是在想象力方面的影响，超越了以往任何一位亲密朋友。因此，他们相识的 18 个月被称为“玫瑰时期”，也被称为“阿波利奈尔时期”。有人说，这一时期毕加索的画作都是为阿波利奈尔所创作诗歌配的插画。也有人说，那些诗歌都是那些画作的描述。由此看来，他们的作品就像两位艺术家一样，在当时已成为密不可分的整体。

关于创作，两人同样过分迷恋滑稽丑角。毕加索在这一时期创作了许多以杂技演员为主题的作品。这些人在画家眼中，充满了神秘的色彩。阿波利奈尔也有一首与其呼应的诗歌作品：

你应该见过这个瘦削的放荡不羁的人
他的灰色胡须就像化为云的先人灰烬
在他脸上，遗传已经耗尽
看上去他在梦想未来
当他忧伤地弹奏手风琴
发出极端缓慢的哀叹
欢笑声，诉苦声，还有沉重的呻吟
……

从手风琴下走出一个小杂技演员
穿着肺般的粉红色衣服
手腕和脚踝露出点点绒毛
他发出几声盛气凌人的叫喊
弯腰鞠躬，胳膊优雅地伸展

一只腿后退，宛若跪拜
他朝向四方招手致意
当他在球上保持平衡
他瘦削的身体随着音乐起舞，如此完美
所有观众的视线都被他吸引
他那充满乐感的形式
令手风琴羞愧
……
这小杂技演员表演凯瑟琳车轮
如此协调匀称
以至于手风琴停止了演奏
手风琴师的手把脸遮蔽
重新想起红皮肤人的欢呼
天籁般的树的音乐
这孩子匆忙离去

遗憾的是，毕加索与阿波利奈尔的友谊持续了 14 年，以阿波利奈尔的死亡而终结。

在两位艺术家整日“如胶似漆”的同时，女友费尔南多开始为自己的处境担忧。虽然她明知毕加索对自己的爱丝毫没有减弱，但是越来越多的皱纹却成为她脸上的“不速之客”。看着镜子里略显憔悴的自己，她心中萌生了结婚的想法。确切地说，她想要与毕加索这个男人组成家庭。

1905 年，一个炎热的傍晚，费尔南多右手挎着毕加索，走在蒙马特一条十分舒适的林荫道上。他们聊起昨晚在友人画室举办的那场小型酒会上，那个喝醉酒倚靠在墙边睡着了的雕塑家。两个人说着笑着，不知不觉来到一块马戏团刚刚搭建起的展台跟前。

舞台的两侧，各有一个男人和一个女人在吆喝着，招揽路过的人们前来观看表演。无论是节目水准还是场地规模，都显得那么不堪，但是对于周边居住的穷人们来说，这也算是难得的消遣。因此，这里从来都不会冷场。

煤油灯用生了锈的铁架子支在半空，风刮得急了些，投射在地上的灯光左右晃动着。舞台破旧而简陋，左前方的角落里，一个大坑深陷下去，用满是污渍的地毯盖着。舞台上的人却很多，有杂技演员、小丑，还有歌唱者，都已画好了妆，拿着各自的道具排练着。舞台周围有零星的观众，他们选择了最前面的位置，一边聊天一边等待着演出开场。

毕加索向来对这一群演员颇感兴趣，这些人令他瞬间想到了与自己同样兴趣的诗人好友。于是，他带着费尔南多走上前去，想看看剧组里有没有他们之前接触过的人。

毕加索《流浪艺人》，巴黎，1905 年。铜版画，32.7 厘米 X40.3 厘米。毕加索博物馆，巴黎

果然，在舞台后面临时搭建的帐篷里面，他们看到了很多熟人。这其中有身材矮小的侏儒，有全身毛发的瘦高个子，还有一个长着胡须的女人。总之，全都是平常人眼中的“怪物”。不过，毕加索和费尔南多早就熟悉了他们的外貌，并且视他们为正常人一般。尤其是费尔南多，在毕加索将他们当作模特作画的时候，她很喜欢找机会与他们聊天，甚至和他们交朋友。她的善良，如同她的美貌一般，令毕加索着迷。

毕加索《球上的年轻杂技演员》，巴黎，1905 年。布面油画，147 厘米 X95 厘米。普希金博物馆，莫斯科

曾有人对毕加索的目的产生过质疑，认为他画这些“怪人”，纯粹是为了哗众取宠，吸引眼球。一些人说毕加索想用那些可怜人做噱头，以此赚取钱财。不过，毕加索始终对这些说法淡然置之。谁有空去在意那些古怪人的古怪想法？他的朋友和他的爱人懂得，就足够了。

两人向帐篷拐角处走去，看到了马戏

团成员吉恩及其妻子玛丽。他们曾有过多次交流，如同老朋友一般。

毕加索没有急着叫他们，而是站在他们身后，看着他们蹲在地上忙着吃饭的背影，默默地伫立着。费尔南多也没有出声，如同一棵小白杨般站在一旁。她明白毕加索此刻心中的情绪，以及不动声色的缘由。她和毕加索交换了一下眼神之后，用极短的时间调整了情绪，用很高的声调喊着对面的两个人。

“嘿，我就知道你们离不开我们的精彩演出！”吉恩和玛丽停下来，热情地向他们打招呼。

四个人走近，聊着最近几天的见闻，还有马戏团即将上演的好戏。但整个谈话中，费尔南多都心不在焉，她在思考着近些天一直困扰她的问题——结婚的事情。

看到吉恩与玛丽这对被贫穷困扰着的夫妻，像动物一样蹲在地上狼吞虎咽的情景，费尔南多无法平静。她知道，毕加索从他们的背影中看到了自己。他与费尔南多又何尝不是长期过着食不果腹的日子？无论是听起来多么高尚的职业，诗人、画家、雕塑家，但凡还没有摆脱贫困的人，又与这些小丑或侏儒有何区别？

可是即便这样，她仍然愿意跟随着他。费尔南多想到这里，忽然像得到了勇气一般，转头看向毕加索，小声地问道：“我们为什么不结婚呢？”

突如其来的问题吓到了毕加索，他看着费尔南多，怔了几秒钟。他似乎从未考虑过这个问题，也没有料到费尔南多会提出来。为了显得自己没有那么慌张，他只好装作有点怒气的样子：“结婚？你疯了吗？”

费尔南多一时找不到合适的话来回答。毕加索紧接着说：“我们现在住在一起，每天形影不离地生活，和结婚有什么区别？何况，我们无法负担婚姻这件事。一纸婚约也保证不了什么。”

毕加索为自己短时间内就找出这么多借口而感到很满意。以他对费尔南多的了解，她没有那么好的口才继续与自己辩论下去。

费尔南多的确没有再出声。婚姻对她来说，代表着自己的独一无二。可现实情况却正如毕加索所说的那样。

这个美丽的女人一时没了主意，自知暂时无法摆脱现状，只好就此作罢。

画商
——唯利是图的吸血鬼

毕加索在洗衣船生活期间，主要与两个画商合作，即苏利埃和克洛维斯·萨戈。除了他们二人外，还有几位画商周旋在毕加索身边，更有人一次性买走他20幅画。可是他们唯一的目的就是从画家身上榨取尽可能多的价值——在他们还没大红大紫之前，以极低的价格买走他们的劳动成果。

苏利埃是所有画商中最为灵活的一个。例如，他得知谁想要一幅以花卉为主题的油画，会赶紧找到买主，匆忙接下这个订单。接着，他会以最快的速度跑到毕加索的画室，要他现场画一幅花卉的油画。毕加索自然也是根据买主的要求，迅速画好作品。

苏利埃会给毕加索20法郎作为报酬，至于他以多少价格将画卖出去，他从来都守口如瓶。

这位画商虽然被很多艺术家视为“唯利是图的吸血鬼”，但他的遭遇同样令人唏嘘。由于长期酗酒，他的健康从1907年开始每况愈下，直到卧床不起。人们说他曾因牵涉到一件不可告人的事而被警察局传唤过，回来后得了抑郁症，影响到身体状况。

苏利埃于1909年在医院接受抑郁症治疗期间去世。这个消息成为洗衣船谈论了一个月的话题。艺术家们虽然对苏利埃颇有微词——实际上，他们对所有画商都抱着又爱又恨的心情，但是与苏利埃相比，萨戈才真正算得上是“吃人不吐骨头”的冷血商人。他的冷血，同样体现在与毕加索的合作当中。

萨戈是典型的奸商。他总是能用犀利的眼睛看透落魄艺术家们的窘境，并用软硬兼施的谈判技巧收购他们的“心血”。这简直就是一种趁火打劫的行为。然而，很多时候艺术家们不得不委曲求全，特别是在食不果腹的阶段，他们甚至期盼这位“打劫者”的到来。

萨戈曾在1905年看上了毕加索的三幅作品——《女孩和花篮》以及两幅水粉画。这一次交易，令费尔南多与毕加索对这位商人恨之入骨。

那一年是毕加索极为困顿的一年。与费尔南多一起生活自然会多一些开支，女人总是喜欢弄一些小玩意，增添生活的情趣，即使那些东西都是街上最便宜的小摆设。一个人生活的时候，一块面包就当作一餐，可是总不能让自己的女人在营养上过于匮乏。

因此，毕加索只好在价格上一再让步。狡猾的萨戈正是利用这一点，对毕加索步步紧逼，将价格一降再降。

他将三幅画的价格定在了700法郎。但是，毕加索原本预想的价格远远超出这些，两人没有谈成，最后不欢而散。

毕加索两手空空地回到画室，却看到费尔南多穿着破旧的睡裙，依靠着床边，坐在地上，啃着一块发硬的面包。她的右手端着一杯热水，就这样一口面包一口热水，勉强下咽。

毕加索感到内疚，不敢直视费尔南多向自己投来的期待的眼神，于是径直走到桌子旁边，上下翻了一翻，企图找到前天晚上从聚会上带回来的那块火腿。

在想起火腿早已被两人当作早餐吃光后，毕加索又来到书架前。他拿出平日里最常看的几本书，从头到尾翻了好几遍。如果他们还有钱，哪怕一张，一定是夹在这几本书中间。此刻他真希望费尔南多是个糊涂的女人，将钞票忘在了某个角落，再被自己找了出来。

一个将要冻死的人，会轻易丢掉珍贵的棉衣吗?

在与费尔南多商量之后，毕加索决定去找萨戈，表示同意将三幅画以 700 法郎的价格卖给他。没想到，萨戈竟当场改了口，将价格降到 500 法郎。

毕加索怒不可遏，萨戈明显是在落井下石。他知道毕加索做出妥协，定是到了身无分文的境地。他就要利用这一点，再多压榨 200 法郎。

这一次，毕加索绝不会再低头。他摔门而去，身后响起萨戈不怀好意的声音:“不要让你的女人继续挨饿了!”

毕加索满脸通红地走到家门口，却没有勇气进门。他害怕看到费尔南多的眼睛，尽管对方总是善解人意地什么都不问。

在门口踌躇了半晌，毕加索转身走到了大街上。他一边踱步，一边盘算着，还有哪个朋友能借自己几法郎，至少将接下来这几天的食物先买回来。他与费尔南多为了节省开支，已经将每天三顿饭减少到两顿。如果赶上参加洗衣船的酒会，
那些免费的廉价饮食就成了他们当天唯一的一顿饭，但至少能吃到饱。

最后，毕加索在一个并不是非常要好的雕塑家那里借到了一点钱。至于为何是这个人，可能这会让毕加索减少一些耻辱感，也有利于督促自己尽快赚到钱，予以归还。

对于此事，费尔南多也憋着一口气。在她眼中，毕加索是一位高尚并有天赋的画家。她不愿他为了金钱向油腔滑调的商人低头。可是面对残酷的现实，她只能默不作声地等待毕加索的决定。

毕加索《克洛维斯·萨戈肖像》，巴黎，1909 年。布面油画，82 厘米 X66 厘米。汉堡美术馆

这个决定就是，几天后，毕加索又找到萨戈，接受 500 法郎的价格。令毕加索无法容忍的是，恬不知耻的萨戈竟然又将价格降到 300 法郎。萨戈的意思很简单：要么，接受这个价格；要么，和你的女人

一起饿死。

萨戈的做法彻底激怒了毕加索和费尔南多。然而，他们除了在背后诅咒萨戈外，对他完全没有办法。

只有妥协，一次次地妥协——对眼前的画商，也是对生活。

还有一次，在与毕加索谈好价格后，萨戈拿起毕加索卖给他的几幅画正要离开，眼尖的费尔南多发现，那一叠油画中竟然夹着一张前一天刚刚完成的素描。她一把将画夺过来，抽出那张素描，举到萨戈的面前，盯着他。

萨戈非但没有为自己偷窃的行为感到难为情，反而嬉笑着拿着其余的画走了。费尔南多对这个多金却无德的商人厌恶到了极致，以至于看到他的面孔就忍不住恶心。可是她每天吃的食物、用的餐具、穿的衣物，竟都是这位金主掏的钱。这令她对自己的生活感到深深的无助。

就连毕加索都无法改变这种现状，何况她呢？

后来，毕加索找到一条不用与画商周旋的方法。

1905 年初，毕加索参加了一场小型展览。此次展览的发起者是批评家查尔斯·莫里斯。他还邀请了除毕加索之外的两名优秀的画家。

像之前的每一次展览一样，毕加索并没有获得财富，这一次更糟，他甚至没有任何销售记录。但毕加索满足于举办者的地位和对自己的认可。此外，他还结识了几位收藏家。这些人与那些画商比起来，更有品位和眼光，出手也更大方。

毕加索并没有急着向收藏家们兜售自己的作品，虽然他们在这次展览之后对他的兴趣大增。这该是一个博弈的过程。特别是在当时的巴黎，有着诸如“野兽派”等画派出现，毕加索更不想与他们对抗。他要做的，是保持自身的神秘性与新鲜感，让收藏家们“一画难求”。

此后，毕加索暂停了在巴黎的所有展览。一时间，巴黎大大小小的展览馆里再也看不到毕加索的作品。其他城市的展览还有一些，但绝不会是巴黎。

毕加索《两个杂技演员和一只狗》，巴黎，1905 年。水粉和卡纸，105.4 厘米 X74.9 厘米。现代艺术博物馆，纽约，威廉・伯登夫妇赠品。和阿波利奈尔的文章一起发表在《鹅毛笔》

那么在巴黎时，除了绘画，毕加索都做了些什么呢？

洗衣船的艺术家们，亲密得就像一个整体，他们常常聚在一起喝酒聊天。有时是在谁的工作室里，有时去找一家可以赊账的小酒吧，唱歌跳舞，朗诵诗歌。在这些活动中，毕加索认识了对他有着深刻影响的诗人雅里。这个人虽才华横溢，但性格极为暴躁。在 43 岁时，他不幸死于结核性脑膜炎。作为朋友，毕加索不仅得到雅里经常用来惹是生非的那把手枪，更在诗歌方面深受其影响，以至于在30年后，他仍沿用着雅里的创作风格，并形成了自己独特的诗歌特色。

毕加索生来喜欢带有危险色彩的活动。年少时，他喜欢看斗牛比赛，看到马儿在场地上被牛角刺穿了腹部，内脏流得到处都是，他会觉得兴奋。成年后，他喜欢拳击比赛和马戏团表演。

对于马戏团的钟爱，最初可以归因于曾经的恋人罗西塔·奥罗，那个马戏团女演员。然而，当毕加索深入了解马戏团的演员们后，却产生了一种“感同身受”的感情。这些人在舞台上自信又耀眼，然而私下里却过着乞丐一般的生活。他们居无定所，生存环境极其恶劣。毕加索总是能在他们的身上找到自己的影子。因此，他们在毕加索眼中，不是可怜的流浪者，而是和自己同等地位的艺术家。

毕加索曾创作过很多以马戏团为主题的作品，通过画作上人物的身材、动作、表情等细节我们能够看出，毕加索对他们怀着同情，也表达着热爱。正如期望自己能够获得认可一样，他将热情给予了这些可爱的马戏团演员。

就像当初在四只猫咖啡馆一样，毕加索的生活再一次因狡兔酒吧而丰富起来。不同的是，与四只猫咖啡馆相比，狡兔酒吧客人的身份更复杂一些。由于酒吧地处偏僻的村子附近，最初来这里消费的都是些贫穷的劳动者。他们来这里只点最便宜的酒，一杯就能从太阳落山喝到深夜。

偶尔，强盗也会光顾这间酒吧。他们只需拿着简单的抢劫工具——刀、斧头等，就可以明目张胆地拿走酒吧一天的收入。他们不会抢劫酒吧的客人，并不是担心他们反抗，而是他们根本没有钱。

在洗衣船居住的人数增长起来后，这里开始出现越来越多的艺术家。这里被艺术气氛包围着，原本那些劳动者终因无法融入这里而渐渐消失了，但也可能是因为狡兔酒吧涨价了。

第四章／立体主义时期

——被几何化的主观真理

友人

——收藏家与模特

毕加索及其朋友们逐渐成为狡兔酒吧的主要客源，他们的到来也为酒吧招来了更多的艺术家顾客。毕加索在这里认识了很多欣赏他的追随者，如德国人威廉·伍德，俄罗斯人谢尔盖·希楚金和伊凡·莫洛佐夫，美国人格特鲁德等一批新型的收藏家。特别是几位俄罗斯收藏家，在当时收藏了不少毕加索的画作。因此，莫斯科后来成为毕加索作品的重要收藏地。

1905 年秋天，美国诗人、收藏家格特鲁德·斯泰因越发频繁地与毕加索来往。他们之间不仅是收藏家与艺术家的关系，更奇妙地成为模特与画家的合作关系。

与费尔南多相比，格特鲁德属于精明强干的女性。她品味独特，眼光犀利，在收藏界颇具盛名。她收入囊中的艺术品，都是上等佳作。她也很欣赏毕加索的才华，与其他几位收藏家一样，长期关注着他的作品，只是她之前从未想过要成为被画的模特。

这件事是毕加索最先提出的。他一直对格特鲁德身具的女性少有的智慧与达观十分着迷。于是，他邀请对方做他的模特。

格特鲁德对做模特这件事很感兴趣。毕竟她的家族成员都对油画有着偏执般的嗜好，也收藏了很多珍贵的艺术品。而且，她身材丰满，双眼深邃，鼻子高挺，五官长得十分迷人，还有着天生的贵族气质。她很愿意由毕加索亲自将自己画出来。这对她来说大概会是一件带有神奇色彩的、有挑战性的趣事。

就这样，这位在毕加索眼中极具魅力的收藏家，走进了他的画室。

格特鲁德曾记录过她第一次为毕加索做模特的经历。同样是怀着好奇的心态，她的记录与费尔南多所观察到的竟有着很大的区别：

有一个每个人都可以坐或者休息的长椅。还有一个小厨房椅，毕加索用来画画的时候坐，还有一个高大的画架：有好多大幅的绷好的画布……是哈乐昆时期留下来的，那时候他绷的画布都很大……还有一只猎狐小狗，好像生病了……正要准备送往医务室治

毕加索《格特鲁德肖像》，1906 年。布面油画，100 厘米 X81.3 厘米。大都会艺术博物馆，纽约。格特鲁德·斯泰因遗赠，1946 年

疗……费尔南多大声朗读拉方丹的小说来逗乐格特鲁德·斯泰因……她摆好了姿势，毕加索牢牢地坐在椅子上，紧紧地靠着画布，拿着一个很小的调色板，上面只有一种棕灰色，他又调配了一些棕灰色，然后就开始作画了……

将要完成的那天下午，格特鲁德·斯泰因的两个哥哥和她的嫂子以及安德鲁·格林前来观看。他们都极为惊叹那件草稿之美；安德鲁·格林一再请求把这件草稿留下来。但毕加索摇头说，不。它太差了……没有人想到为这幅画拍张照片以便留下它当时的样子，当然……除了毕加索或格特鲁德·斯泰因，再也没有人能够记住它当时看上去是什么样子了。

做模特是个苦差事，苦到远远超乎收藏家的想象。每天下午，格特鲁德要乘坐一段马车，再步行一段，才能到达毕加索的画室。整个下午她都要在这个狭窄不透气的房间里保持一个姿势和表情。然而，这位养尊处优的女士却乐此不疲。她利用这几个小时的绝对寂静，思考自己的文学创作。平日里风风火火惯了的她，对于绘画结束后独自漫步的一段时间感到相当惬意。

这一段经历开启了收藏家对于模特工作的喜爱，其痴迷程度甚至超过了收藏这件事。她与毕加索之间，也在此过程中逐渐加深了感情，这是一种超乎友情却又彼此克制的朋友关系。

或许只有在关系上的退步，才能换得长久。两人的友情的确保持了很多年。格特鲁德后来在艺术方面的造诣，也很大程度上受到毕加索的影响。

在为毕加索做模特的同一时期，好友考恩姐妹也被格特鲁德介绍给了毕加索。这对姐妹同样出身贵族，喜欢收藏艺术品。她们收藏最多的是马蒂斯的作品。

通过格特鲁德的介绍，考恩姐妹增强了对毕加索画作的兴趣，并且陆续收藏了一些。除此之外，她们还会在毕加索和费尔南多生活陷入困境的时候，购买几百法郎的作品。这不完全是出于投资的目的，也有私人交情在里面。

收藏家与画家之间，从未因绘画问题产生过分歧，毕竟他们分工不同，一向合作得很愉快。可是当毕加索尝试着写作，像格特鲁德那样创作诗歌时，却开启了两人在同一领域的矛盾。

格特鲁德认为，毕加索写的诗歌“不是诗歌”，他该回去老老实实地画他的画。当格特鲁德作为收藏家或者临时模特出现在毕加索生活中时，她在他眼中是要强并且睿智的大气女人。可是当两人的关系从合作变为“竞争”时，毕加索才真正看到了她好斗的一面。

不可否认的是，能被这位百里挑一的聪明女人当作对手，是很多男人的荣幸。在写作领域的毕加索也不例外。尤其是他们二人都企图在写作领域创造出一种新的符号，以摆脱传统的文字与图像。可惜在这一点上，他们并没能像在绘画上那样配合默契。

强势的格特鲁德从始至终都对毕加索的写作指手画脚。在她眼中，文学只能属于她一人，不允许身边任何人染指。更何况是这个以绘画为生的人，怎么能让他很随意地就进入自己苦心经营的领域，并且轻而易举地取得如自己一般的成就？这也是基于对自己文学天赋的自信。

另一个前提是，格特鲁德认定自己足够了解毕加索。她比任何人甚至毕加索本人都清楚，他能做什么，能做好什么。在文学领域，她认为他注定一无所获。

对于格特鲁德对自己的否定，毕加索并不放在心上。相反，他对她从始至终都怀着感激与崇敬之情——为她在经济上对自己的援助，也纯粹为她优秀的天分与品质。

考恩姐妹虽然在格特鲁德的极力推荐下收藏了毕加索的一部分作品，但在格特鲁德肖像画完成后不久，她们还是转而将投资倾注于画家马蒂斯身上。

毕加索在无形中已经将马蒂斯视为最强劲的对手。马蒂斯也是一样。

马蒂斯要比毕加索年长 12 岁，但与毕加索是截然不同的两种艺术家。

在这个世界上，有的人不需太过努力，仅用他们的天赋就能搏得一片赞誉。毕加索就属于这一类人。他在绘画方面的天赋是马蒂斯永远也无法企及的。而马蒂斯则属于用汗水积累经验的那类人。他会将所有的精力与时间都用在绘画上，对于自己热爱的事业毫无保留。可事实证明，无论他如何努力，他的天分仍制约了他的发展。

在两人相识之初，马蒂斯在绘画上是有优势的。至少从当时的现实情况来看，马蒂斯的画作更卖得上价，他的生活自然会舒适一些。

1905年秋天，巴黎秋季沙龙开展。马蒂斯作为野兽派画家的代表，选出八幅油画和两幅水彩参展。同时参展的还有马蒂斯的追随者们。意外的是，这次展览引起了人们对这个派系的大讨论，也将马蒂斯推到了风口浪尖。

最受人们关注的是马蒂斯的那幅《戴帽子的女人》。欣赏者的观点呈现两极分化的态势，有人称其为“见过的最丑陋的颜料涂抹之作”，并描述马蒂斯在进行“原始而幼稚的儿童游戏，他拿色彩盒就像刚得到的圣诞礼物一样去玩耍”。

然而，争论却使得这幅画身价倍增，最后顺利被人买下。马蒂斯也并未因此事而灰心。他坚持自己的作品是一种“纯绘画”，他认为这种返回到纯粹绘画语言的勇气正是野兽派所要做的。

显然，这次不大不小的波折削减了马蒂斯的势头，毕加索因此在两人的博弈中更进了一步。

然而，事情的主要争端并不在此，而是关于绘画技巧本身的争论。

毕加索声称，马蒂斯所擅长的野兽派画法，其实早已被自己掌握了，尤其是在绘画中使用大量颜色鲜明的绿色，这是自己在画《我毕加索》时就已经运用纯熟的一种画法。这种画法在马蒂斯后来的《绿色条纹》中才被用到。但这只是毕加索自欺欺人的一种说法。人们只要用他们同一时期的作品对比就能看出，毕加索只是偶尔使用了这种明亮的颜色来增加画作的吸引力，而马蒂斯已经能够自如流畅地运用颜色来设定光感。换句话说，毕加索只是为做而做，马蒂斯的画与色则是一个更高级的整体。

就是在这次展览中，毕加索与马蒂斯进行了历史性且戏剧性的第一次会面。

毕加索当时的生活状况明显不如马蒂斯优越。毕加索看起来就像刚刚修剪过花园的工人，或者在地下室里修理过电缆的电工。一件浅色的大衬衫，搭配一条军绿色卷起裤腿的肥裤子，下面是一双高帮棕色皮鞋。皮鞋虽然很亮，但更像他皱着的眉头一样，很有年代感。

马蒂斯《绿色条纹》，1905 年。布面油画，40.5 厘米 X32 厘米。国立艺术博物馆，哥本哈根

马蒂斯则不同。他就像大学校园里传授绘画技巧的教授一样，戴着金色细边框的眼镜，胡子刚刚精心修剪过，合身的黑色粗花呢外套令他看起来更加挺拔。

当两个人站在一起，这种外表上的差距更加明显。毕加索总是喜欢低着头，眼睛向上瞪着观察对面的人。马蒂斯无论做着怎样复杂的内心活动，他的表情都控制得很稳定，面带笑容，不卑不亢。

在性格方面，两人也截然不同。当

他们在朋友举办的周末聚会上碰头时，所有人都强烈感受到两位艺术家性格的差别。马蒂斯情绪平稳，待人谦和有礼。每当有人向他询问关于绘画的问题，他总是能用最简洁的语言清晰明确地表达自己的观点，还会适时地与周围的人互动，毫不夸张地夸奖和赞美他人。他的这些品质赢得了友人的欣赏。

毕加索则相反。除非是与他熟稔的老友，其他人眼中的他，性格古怪，很难适应环境。他对初次见面的陌生人毫无礼貌可言，沉闷，拘谨，令人不自在。若是哪个人提了让他介意的话题，他更是立刻发火，一点面子也不给。哪怕是随意的一个问题的探讨，他都要弄到像吵架一样，争执得面红耳赤，令人尴尬不已。

但是，这种情况仅限于马蒂斯在场的时候。马蒂斯的出现就像一股无形的电流，总是能触到毕加索最敏感的神经——可以说是自卑，或是抵触。人们注意到，马蒂斯在场时，毕加索连说话的声音、语调以及吐字都与平时不同。他知道自己的法语说得不顺畅，又带着浓重的西班牙口音，这是他十分介意的。总之，两个人在绘画领域的争锋导致毕加索无法与马蒂斯正常相处。

想必，马蒂斯内心也是慌乱并且复杂的。可他表面上看起来至少平静淡然。他对待毕加索就像对待其他初次见面的朋友一样，谦逊幽默，侃侃而谈。不过，这也证明了他对毕加索的重视。他要拿自己的优点，去与毕加索对比。即便是与绘画无关的领域，他也要想尽办法争得优势。

马蒂斯成功了。参加聚会的所有人都喜欢他、崇敬他，认为他是有才华且彬彬有礼的艺术家。相比之下，毕加索就像一只无法相处、随时会发怒的豹子，站在那里沉默着，等待着有人去激怒他。

收藏家利奥·斯泰因曾用一段话描述了两人之间的差别：

马蒂斯的房间极为干净，每一件东西的放置都井井有条，无论他有意还是无意。毕加索——除了偶尔的激情一向闷闷不语，他的作品凭直觉发展，毫无计划……马蒂斯喜欢交际而非狂欢。毕加索喜欢狂欢而非交际。马蒂斯根据和别人的关系看待自己；而毕加索则与人分离地、孤独地存在。当然他也意识到其他人的存在，但那属于另外的系统，之间没有交融。马蒂斯四处展览。他总是想学习，认为再也没有比看到自己的作品和其他任何人的作品放到一块更好的方式了。毕加索从来不和其他人一起展览。

因此有人猜测，马蒂斯在巴黎无处不在的展览，也是毕加索对巴黎展览敬而远之的原因之一。何况当时的巴黎，但凡有马蒂斯作品出现的地方，发起者一定是将他作为主角，奉为这一派系的代表人物。毕加索怎么会在如此重要的场合甘做配角呢？与其说他是想等到自己的作品能够吸引到足够的欣赏者，不如说他是在等自己的绘画能力相较马蒂斯有着绝对的优势时才出手。

两位针锋相对的艺术家在认识之后，开始了定期的会面。他们并非“亦敌亦友”，而是纯粹的敌人，每一次见面都是一次厮杀。他们会用最为挑剔的眼光来审视对方的作品，有时还会交换画作。

格特鲁德称，在交换的时候，双方都选择了对方最为无趣的一幅，仿佛将这幅画拿回家，就能令自己信心倍增。

事实并非如此。只能说与毕加索和马蒂斯相比，格特鲁德在艺术上的品味差得不是一星半点。两位画家都在选择时用尽了心思，也很珍惜这一次挑选的机会。

马蒂斯选择了毕加索一幅看似十分简单，但技巧颇高的静物画。画面上黄色碗的凹面与柠檬的凸面形成了鲜明的对比，这种画法是很难掌握的。

毕加索则选择了马蒂斯为其女儿画的《玛格丽特》。这幅画乍一看像是小孩子用粗线条所作的练习画，实际上却是马蒂斯在研究了自己儿子的素描手法之后，模仿这种最天然、最简单的绘画风格所作的。他巧妙地将儿童的本能视像与自身的绘画经验结合起来，完成了这幅画。

在这一时期，两位画家可以说是旗鼓相当。马蒂斯尚能激起毕加索的嫉妒心和求知欲。不过在此之后，两人逐渐疏远，毕加索则以惊人的速度将马蒂斯甩在身后。马蒂斯再也没有机会与毕加索平起平坐了。

一向绅士的马蒂斯，此刻也终于暴跳如雷了，扬言“要报复毕加索，要让他向我哀声求饶”。后来马蒂斯抓住了一次好机会，想要借此击垮毕加索。没想到毕加索随即接受了一项更大的委托，轻松扳回一局。

就在两位伟大的艺术家你追我赶的过程中，法国艺术也在朝积极的方向蓬勃发展着。

旅行
——偏远的村庄格赛尔

1906 年春天，天气渐暖，毕加索似乎也迎来了事业上的第一个春天。

诗人阿波利奈尔带着画商沃拉尔来到毕加索的画室。后者用 2000 法郎购买了毕加索最重要的 20 幅早期作品，包括油画和水粉画。这些珍贵的艺术品被沃拉尔装进一辆租来的马车上，带走了。

精明的商人沃拉尔并没有急着炫耀自己得到的这些画作。相反，他谨慎地将它们藏了起来。除非是遇到真正懂画的客户，他很少拿出来给别人欣赏。这些画一直被保存到 1910 年 12 月，才首次在一个画展上展示出来。

2000 法郎对于毕加索和费尔南多来说，是一笔巨大的财富。他们一时不知该如何使用这笔钱。首先自然是改善生活，特别是在饮食方面。他们太久没有吃过一餐像样的饭了。

至于要如何支配这么多的钱，毕加索早已有了想法。他一直想回到巴塞罗那，带着美丽的未婚妻，见一见亲友，看一看那里的变化。

在巴黎的这两年，毕加索与母亲通信较为频繁。温柔的玛利亚想念儿子，时常将一叠《新闻报》和家书一同寄给毕加索。在信中，母亲多次问起费尔南多，因为这是多年来儿子身边唯一一个长久的女朋友。至于父亲，他似乎年纪越大，越是不愿关心孩子的事情。他远不如妻子玛利亚有远见，也不如妻子那般支持儿子的事业。每次提到毕加索，父亲总是用刻薄的词语形容其无能，责备毕加索因穷困而一直没能回到故乡，使他们遭到邻里的耻笑。

不过毕加索并不想与家人相聚太长时间。他需要一个安静的地方，一个可以与费尔南多忘记一切压力和烦恼的伊甸园。

再三权衡之下，毕加索选择了偏僻的村庄格赛尔。他并没有去过那个地方，只是听人说起过。一些艺术家会将父母送到那里去疗养。因为那里空气新鲜，水源纯净，食物充足，更难得的是人烟稀少，是度假的绝好选择。

这次出行是由毕加索的朋友、雕塑家安瑞克·卡萨诺瓦斯全程安排的。为了毕

毕加索《费尔南多头像》，巴黎，1906 年。青铜，高度：33.5 厘米。诺顿·西蒙公司基金会，洛杉矶

加索与费尔南多能够在陌生的地方生活得舒服一些，他可没少费心思。

这是毕加索与费尔南多第一次远行，也是费尔南多经历的第一次纯粹的旅行。美丽的女人对此兴奋不已。从他们决定旅行的那一刻开始，她每时每刻都在计划着要穿什么衣服去见毕加索的家人，要带哪些用品以便在村庄中居住。费尔南多就像一只欢喜的燕子，每天在毕加索身边转来转去，句式通常是以“我们要不要带着……”开始的。

直到临行前，费尔南多终于决定好带哪一套衣服。同时，她还带了很多不同气味的香水。她对毕加索故乡的亲友十分重视，想要给他们留下难忘的印象。对此，毕加索一点也不担心。费尔南多天生具有独特的魅力，性格也随和大方，一定会与家人相处得很好。

最后，毕加索和费尔南多每人带了一个大的、装得满满的旅行袋。毕加索的袋子里全都是画布等绘画工具。费尔南多除了衣物，还带了家里用的油炉。她不清楚目的地的条件是什么样的，既然要住上不短的时间，即便不用它来做饭，取取暖也是好的。

对于车票的选择，费用有限的两人也是费尽了心思。为了制造“衣锦还乡”的假象，到达巴塞罗那那一站的车必须要一等车厢。而从巴黎到达边境之前的这一段，就只好选择三等车厢了。

带着沉重行李的两人，在拥挤嘈杂的三等车厢里蜷缩在一起，睁着眼睛熬着时间。车到达西班牙后，他们终于可以换成一等车厢。安顿好行李之后，疲惫不堪的费尔南多很快进入了梦乡。

当火车到达巴塞罗那，毕加索将费尔南多叫醒。费尔南多睡眼惺忪，也没有充足的时间整理衣服和头发，仓促地抱着行李跟着毕加索下了车。

谁知在车站等候的，除了毕加索的亲人，还有很多儿时的玩伴，大家兴高采烈地拥挤过来，簇拥着他们。费尔南多看到这种情景，瞬间哭了起来。这与她所想象的场面完全不同。至少自己该是雍容高贵地出现在众人面前，像巴黎的贵妇一般，而不是像现在这样，狼狈得如同乡下的农妇。

费尔南多责怪毕加索没有提前叫醒她，越哭越伤心，吵着要即刻回巴黎去。毕加索不明就里，以为情人是被这么多人吓到了，赶快安慰着。

不过费尔南多的情绪很快由阴转晴，尤其是在洗了个澡又睡了一个好觉，并且吃了完美的一餐之后。美丽的费尔南多成为这个小城的焦点。所有人都知道，毕加索带回来一位优雅的法国女人。很多人慕名而来，想要一睹费尔南多的真容。这令毕加索感到自豪，比他带着更多的财富回来更让人振奋。

费尔南多发现，毕加索在巴塞罗那期间的状态，要比在巴黎的时候好得多。他无论是与家人聊天，还是与朋友聚会，或者只是做他在巴黎时一样的事——画画，他的心情也是不一样的。他更放松，对一切都不设防，只用最简单的心思和情绪应对所有人、所有事。这样的毕加索是纯粹的、快乐的，也是费尔南多想要看到的。

只有毕加索心里清楚，他在巴塞罗那的彻底放松，是基于在巴黎的小小成功。因为他在那里的生活有了希望，他才不再讨厌巴塞罗那，并且愿意回到这里，享受这里的阳光，享受在巴黎找不到的亲情。他的放松只是短暂的，也是有条件的。与此刻的安逸生活相比，他更向往成功。

在费尔南多与毕加索多数的亲友见过面之后，两人开始了格赛尔之旅。只是这一行的艰难程度远超他们的想象。

格赛尔是比利牛斯山最美的一处，包括两个村子。可是要顺利到达这里，需要骑着骡子经过15公里的险途。对于费尔南多来说，这可是很大的挑战—— 一边是悬崖峭壁，一边是坚硬的岩石，还要控制好骡子的速度和方向，这一路的心惊胆战可想而知。然而当他们到达格赛尔时，眼前的景色彻底征服了他们。

远处的山顶白雪皑皑，近处却是火红的一片。整个村子被叠嶂的山峦围绕着，像是上帝亲手制造的一般，巧妙而又秀美。

他们找到了一间有空房出租的酒馆。酒馆的主人是一位头发花白的老人——何塞普·冯德维拉。他将上层的房间给了他们，并且严肃地嘱咐了很多细节。

这位消瘦的老人成为毕加索在格赛尔期间绘画的第一个模特。毕加索对他的头部尤其感兴趣，反反复复画了很多次。在回到巴黎之后，为了修改在格赛尔时所画的冯德维拉的头像，毕加索竟然将自己的头发剃光，画出来的人物既像冯德维拉，又像毕加索自己。

多数毕加索在格赛尔期间的作品充斥着温暖和平定的色调。不仅如此，格赛尔还是毕加索的高产之地。仅仅10个星期的时间，毕加索就创作了7幅大型油画，20余幅中等尺寸油画，以及数量可观的素描、水彩、水粉，还画满了两本写生簿。另外，还有一些雕刻作品。这些作品若是在巴黎创作，毕加索可要工作半年之久。

除了数量可观，毕加索在这一时期还选择了平时很少去画的题材，例如他并不喜欢的花卉主题。但在格赛尔，这一主题并不少见，包括很多静物的绘画，也越来越多地出现了。

在格赛尔，费尔南多与毕加索的关系也得到前所未有的改善。在巴黎，虽然费尔南多竭尽全力包容着毕加索的暴躁和多疑，两人也免不了发生争吵。毕加索总是控制着费尔南多的行踪，禁止她与他们共同的朋友以外的任何男性来往，将她的交际范围逐渐缩小。

除了对情人的猜忌，毕加索在绘画时也非常易怒。工作稍有不顺，他就会将火撒在费尔南多身上。发脾气、摔东西早已成了家常便饭。

格赛尔宜人的气候和静谧的环境令二人忘记了所有烦恼。毕加索平和了很多，每天的任务除了绘画、雕塑，还有他刚刚学会并且

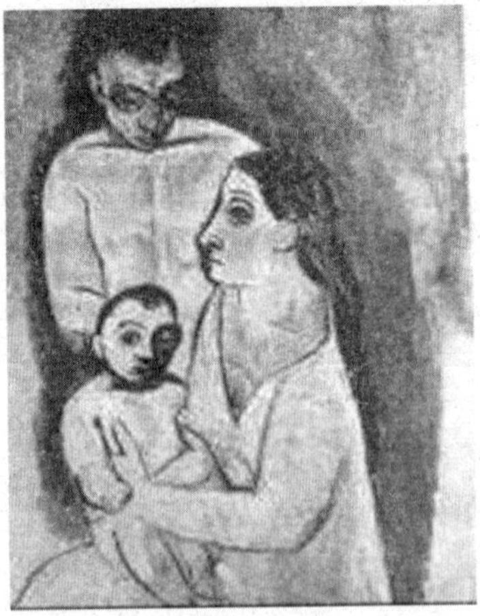

毕加索《男人、女人和孩子》，巴黎，1906 年。布面油画，115 厘米 X88 厘米。巴塞尔美术馆

十分感兴趣的打猎。鲜少有人来这个村庄拜访他们，毕加索也乐得清闲。他不再找茬与费尔南多争吵，反而逐渐发现情人身上独特的魅力。在这一时期他所创作的费尔南多肖像画中，画中的女人温柔恬静，充满了女性特有的光辉。就连费尔南多最引以为傲的那套剪裁得体、色彩鲜艳的衣服，都成了陪衬。在画家的眼睛里，只有费尔南多圣母一般慈祥的面庞。此时在毕加索眼中的费尔南多，与在巴黎时完全不同。遗憾的是，回到巴黎后，费尔南多又变成巴黎的费尔南多。原来变的，只是环境而已。

相比之下，费尔南多更习惯这里的生活。明快的性格与超强的适应能力让她成为这美丽风景的一部分。每天起床后，她要一边煮饭，一边整理房间。早饭过后，她有时跟着毕加索上山，有时坐在楼下的石阶上看书。

村庄里虽然人烟稀少，但是为数不多的居民热情、友善。他们不会对别人的生活有过多叨扰，却又总是能在关键的时候帮上一把。健谈的费尔南多与这些邻居相处得十分融洽，就连平日里不苟言笑的毕加索也偶尔会与他们讲讲笑话。因为在这里，没有人会关注你是谁。无论你是艺术家，还是商人，或者只是种地的农夫，每一个人都是这个村庄的主人，每一个人都受到了足够的尊重。

逃离了巴黎的喧嚣，摆脱了尔虞我诈、明枪暗箭，也不必考虑谁画得好，谁给的价高，毕加索第一次完完全全地置身于绘画的乐趣当中。他的眼中只有景色，只有画，再无其他一丁点纷杂。如果能一直这样下去该多好。这是毕加索和费尔南多共同的期望。

美景美食激发了毕加索的工作热情。费尔南多无微不至的照顾也令他全无后顾之忧。

不过，麻烦很快就来了。到了7月，毕加索带来的画材消耗殆尽。而令费尔南多烦恼的是，她带来的香水也用光了。于是，他们不得不写信求助于卡萨诺瓦斯，拜托对方带一些雕塑工具和画材过来，最好还能带一瓶法国的香水来，哪怕是西班牙产的也行。

可是还没等卡萨诺瓦斯收到信，毕加索和费尔南多就收拾好行李，逃命一般离开了这个村庄。原因是一场可怕的传染病侵入了这里。

最开始是冯德维拉的孙女在很短的时间内由发热到卧床不起，这里没有医疗设备，就连像样的医生都没有。接着几个村庄的居民都染上了病毒，并且迅速恶化。毕加索听到这个消息后惊恐不已。或许是因为当年妹妹就死于类似的病症，他无法释怀。他当天就要求费尔南多收拾行李，两人开始商量返程的事情。

首先，毕加索坚决反对再回巴塞罗那。这是费尔南多始料未及的。两人原本计划在格赛尔住到9月，接着回到巴塞罗那稍做休整，再返回巴黎。如今村庄爆发病毒，两人不得不提前离开这里。

费尔南多认为，先在巴塞罗那落脚，接着从长计议，这样再好不过了。他们可以在西班牙买一些特产，或者至少准备足够的补给，再从容不迫地返回巴黎。可是毕加索无论如何也不同意。他的想法是，6月时，两人风光地回到家乡，所有人都看到了他们容光焕发的一面。两个月后，却要带着行李狼狈地从山上逃下来，像难民一般不堪，这是他绝对不能接受的。他宁愿饿着肚子坐上火车，悄无声息地回到巴黎。至于在巴塞罗那等着他们的亲友们，只需寄去一封信，胡乱编个理由就可以了。毕竟因为工作提前返程也算不得是什么大事，反而会更显得他们忙碌而充实。

费尔南多向来听从毕加索的决定，这次也不例外。

想要直接返回巴黎，意味着不得不走一条比来时更艰难的路。临行前，憔悴的冯德维拉帮助他们找了骡子车，并安排了妥当的车夫做向导。毕加索的心早已飞回了巴黎，一刻都不想在这里停留。他连呼吸都小心翼翼的，生怕喘气时将病毒吸进了肺里。

只有费尔南多对这个美丽的村庄恋恋不舍，她恨不得一直留在这里，与毕加索两个人过着清幽寡淡的生活，远离纷争与复杂的人际关系。更重要的是，她喜欢在这里的毕加索，温柔无比。

一路的颠簸，让筋疲力尽的两人恨不得赶快回到洗衣船的家里，倒头就睡。远远地看到他们熟悉的窗，内心的归属感瞬间升腾而起。可当他们回到房间，却完全没了这种美好的感觉。老鼠乱窜，桌角和床角都被咬得破损不堪。臭虫到处爬行着，床上、餐桌上、衣服上，所有角落都被它们侵占了。

此时的巴黎，太阳毒辣地照着大地。洗衣船的每一个房间都像一个蒸笼。生活在里面的人，每日接受着炙烤。环境并未改变他们，他们也没能改变环境，热爱的东西依然热爱，饥饿亦从未远离。

亚维农

——为艺术而艺术

从格赛尔回到巴黎后，人们在毕加索身上看到了很多变化。

一味追求胜利的士兵未必是最优秀的士兵，只懂得争名夺利的商人未必能赚到最多的钱。毕加索舍弃了令他走了太多弯路的执念，也不再浪费时间去思考何去何从的问题。他要将艺术从前人制定的条条框框中解放出来，形成独特的毕加索式艺术。

他要与以往的艺术方式彻底决裂。

1907 年初，毕加索想要寻找的那种不带有任何目的性和方向性、纯粹为艺术而艺术的作品终于出现了，那就是 20 世纪最伟大的艺术品之一的《亚维农少女》。

关于这幅画的创作过程，很多人愿意用一个直观的故事来增添它的神秘感。

有很长一段时间，毕加索透彻地研究了艺术家高更的很多作品。这对他的创作产生了很大影响。同时，他还对非洲图腾产生了浓厚的兴趣。这些图像混杂在一起，在他的脑海中不断闪现，时而组合，时而分离，千变万化。

这一天，费尔南多醒得很早。她发现毕加索整晚都没有睡，一直坐在画架前，画画停停。她知道，毕加索又是因画得不顺利而在和自己较劲。

她走到毕加索身边，想劝他休息一会儿再画。可当她看到满地的画布和毕加索身上到处都是的颜料时，选择了不出声。因为她知道，此刻多说一句话，都容易点燃这个愤怒中的画家。

费尔南多转身去准备早餐。就在她翻弄餐具时，餐盘碰撞的声响打断了毕加索的思路。毕加索怒不可遏地站起身，大吼道："你就不能安静一会儿吗？"

受了委屈的费尔南多瞬间红了眼睛。"你如果画不出来，最好休息一会，不要把怒气发泄在我身上！"她很少用这种语气顶撞毕加索。

"我画不出？我要让所有人都看到我的改变。让他们都在我的影子底下创作。"

"何必那样为难自己？你简直不可理喻！"

"走开！我不需要你提醒我。你只管煮好你的早餐，否则我连你一起赶出去！"毕加索说着，手指指向门口的方向。

费尔南多顺着他的手指看过去，目光盯着大门，没有再转回来。她用很小的声音说："不必了，反正我也受够了。"说着，她便缓步走向大门。在推开门的一刹那，她还在期望毕加索能从身后追赶过来，将她拉回去，可她听到的却是毕加索喃喃自语的声音："不对，一定还有其他的角度可以呈现……"接着，她绝望地走出了家门。

两个小时后，因饥饿而虚弱的毕加索颓然地坐在了椅子上。他还是无法用画笔准确地表达心中的情绪，又一次尝试失败。

毕加索抬起头，企图在狭小的空间内找到自己的情人。他渴望吃一点她做的食物，更渴望她的宽慰。他环顾四周却没能找到费尔南多时才想起，自己刚刚把她赶走了。

从格赛尔回来之后，毕加索确实有了很多改变，但那只体现在他的艺术创作上。他的性格，以及与费尔南多的关系，从未改变过。他们依旧会因无关紧要或莫须有的小事而争吵。费尔南多因无法忍受毕加索的脾气，不止一次离家出走，可是每次都会主动回来。这次也不例外。

第二天早上，费尔南多还在熟睡时，毕加索又开始了他的创作。这幅《亚维农少女》是他以全新的创作手法所做的第一次尝试，但他还没有找到具体的运用方式。这令他极为沮丧。

眼看着太阳一点点升起，隔壁的邻居们纷纷开始了一天的工作。这个世界又要恢复嘈杂的状态。恐怕今天又是徒劳的一天。

“我真失败！”他这样想着，心情糟糕到了极点。他恨自己的无能，看着什么都不能画出来的这双手，他真想将它们废掉。

他转过身，看到桌子上放着一面小镜子，于是毫不犹豫地一拳将它击碎。

费尔南多听到声响，立刻坐了起来。她跑到毕加索身边，看着一地的玻璃碎片和毕加索流血的手。她既懊恼，又心疼。

毕加索《亚维农少女》，1907 年。布面油画，243.9 厘米 X233.7 厘米，现代艺术博物馆，巴黎

“你再这样下去会把自己逼疯的！”费尔南多将后半句话咽了下去。她其实想说：“就算你不疯，我都快被你逼疯了。”

然而，她不想在毕加索如此脆弱的时候再咄咄逼人。这对相依为命的情侣经历了太多挫折，也只有他们才能了解彼此内心的苦楚。

毕加索听不进去费尔南多的话，还沉浸在对自己的责难之中。他蹲下身，两只手撑着地板，好像将所有的力气都用在了双臂上。

眼前的小碎片在阳光的照射下泛着强弱不同的光。毕加索盯着它们，看着碎片中反射出来的自己的脸，忽然笑了。

顾不上那些碎片有多么锋利，毕加索将它们一块一块地重新排列。没有固定的形状和顺序，因为那个样子只有他自己知道。

就在毕加索摆弄这些碎片的过程中，费尔南多也逐渐明白了他的意图。这些不同的碎片，就像上百只眼睛，静静地看着外面的世界。原来这就是这个画家想要寻找的立体。

费尔南多拥抱着毕加索，欢呼雀跃。《亚维农少女》就在这样的气氛中迅速地完成了。

《亚维农少女》不仅是毕加索绘画风格的一次巨大转变，也是人类绘画史上的里程碑。它被视为第一幅有立体主义倾向的作品。它摆脱了以往所有绘画作品中的构思与规则，从全新的角度去解读事物，将原本扁平的世界剖出多个平面，并用并列或重叠的方式重新表达出来。

这幅伟大的艺术品以蓝色为主色调，衬托出五个裸女的生动形象。画家将蓝色的背景做出了切割和任意衔接，使人物呈几何体状态。这五个人虽在同一个平面，但画家展示给我们的却是她们不同角度的组合。

这种绘画乍看上去会让人疑惑。为何侧面的鼻子会出现在正面的脸上？胸部的形状和位置完全扭曲，五官也像是重新排列组合了一般。除了空间上的“怪异”，画家在颜色的运用上也十分任性。强烈的色差刺激着人的感官，令原本诡异的人脸显得更加恐怖和神秘。

《亚维农少女》最初以巴塞罗那亚维农大街的妓女形象为原型。原本在草稿上，毕加索还设置了两位男性，一个手持花束，一个从后面走出来。这两个人物代表了西班牙人劝人向善的心态。然而在后续绘制中，两个男人消失了，五个裸女的形象变得越发可怕。

这幅画对世界艺术领域有着深远的影响，并且远远超出毕加索本人的预期。人们看到这样一幅空前的作品时，感官和内心都受到了巨大的冲击，与此同时，文学、音乐等多个领域也与之产生了强烈的共鸣。《亚维农少女》不仅打开了毕加索绘画的新思路，也开创了法国立体主义的新格局。

在创作《亚维农少女》期间，斯泰因一家为毕加索租下了楼下的房间，那里成为他更隐蔽、更安静的工作室。他可以不用在卧室里画画，与此同时，也避免了整日与费尔南多相处。虽然他依然全力控制着费尔南多的行踪，但那也只是嫉妒心和控制欲的反映。他对她，远不如对绘画那般有热忱。

费尔南多也逐渐明白了这一点，她在两人从未停止的争吵中逐渐心灰意冷。在她的回忆录中，对《亚维农少女》这样一幅重要作品只字未提，可想而知她心中的憎恨。至于为何憎恨一幅画，无非是源于毕加索对画的爱，和对她的冷漠。

那一段时间对于毕加索来说，是艰难而又动荡的。他敏感的情绪每天都在上天入地中起伏着。可是，费尔南多对此一点也帮不上忙。相反地，毕加索越来越厌恶她的小脾气和散漫的性格。在他们的经济状况稍稍改观之后，她整日想着打扮，对家务置之不理。毕加索烦闷的心情总是因她而又增加一层阴霾。

实际上，费尔南多并没有因环境的变化而有多少改变。他们的物质生活也还没有达到可以彻底改变生活质量的程度。这个女人本就慵懒松散。但是对于毕加索，她仍旧保持着关怀和隐忍。两人的矛盾因她提出想与毕加索生一个孩子而再次爆发。很可能，从巴塞罗那回来之后她就一直抱着这样的打算，不知道是不是因为在见到毕加索母亲时，对方向她发出了这样的暗示。总之，费尔南多在明知两人感情即将破裂的情况下，还企图以组成家庭来挽救这段感情。

遗憾的是，费尔南多由于之前有过一次流产，恐怕很难再次怀孕了，而且她还没有与之前的丈夫在法律上完全划清界限。因此，她暂时无法与毕加索结婚。在她的再三请求下，毕加索竟然同意了与其领养一个孩子。

对于之前玛德琳为自己堕胎的事，毕加索始终抱有愧疚之情。因此，他能同意费尔南多的提议也算是一种心理上的补偿。

他们是在 1907 年 4 月第一次来到蒙马特科兰库尔大街的孤儿院的。费尔南多并不想挑选一个年纪太小的孩子，她没有照顾婴儿的经验，也担心孩子过于吵闹会影响他们的生活。最后，她选择了一个叫雷蒙德的 13 岁女孩。这孩子看起来与他们很有眼缘，不过据说是一个法国妓女的孩子，曾经被一个德国记者收养后又被抛弃。

费尔南多很心疼这个孩子的遭遇，或许她也想到了自己不堪的身世。因此，她把雷蒙德带回洗衣船后，就当作亲生女儿或者亲妹妹一样疼爱着。

不仅费尔南多，洗衣船的租客们在雷蒙德面前都展现出最柔软的一面。他们找出洋娃娃和糖果给这个新来的小成员。雷蒙德的到来令洗衣船重现生机。因为经历坎坷，这个女孩比同龄的孩子要懂事得多。她有时会去其他艺术家的房间里看他们工作，却从不打扰他们，只把欢笑声留在那里。

毕加索向来不懂如何与孩子打交道。但是，对于雷蒙德，他仍然保持着喜爱的态度。在他的素描本里，有几幅速成的作品，看起来像是他一边给雷蒙德讲解，一边画出来的图案。这些无非是用来逗雷蒙德开心的。毕加索也意图让雷蒙德做自己的模特，可是费尔南多对此非常警惕。

雷蒙德的身材发育得比实际年龄更成熟一些。这令费尔南多有些担心。她会观察毕加索看雷蒙德的眼神——虽然那很可能只是一个艺术家在观察一位模特。在经历了四个月的考虑与挣扎后，费尔南多决定将雷蒙德送回孤儿院。

费尔南多曾对雷蒙德的生母抛弃孩子的行为表达过不满，也对雷蒙德的前一任养父养母半途而废的行为横加指责。如今，她却与他们一样，要将刚刚适应了环境并且安稳下来的可怜女孩送回她原来的地方。尽管费尔南多内心承受着煎熬，但现实情况却一次次提醒着她：雷蒙德在这里是多余的。

短暂的母爱没能让善良的费尔南多坚持抚养这个孩子。她的决定也招来洗衣船很多成员的非议。他们指责费尔南多将一个大活人当作玩偶一样丢弃。这些都没能动摇费尔南多的决定。在她的思维里，将雷蒙德留在洗衣船，要比回到孤儿院更加残忍。

雷蒙德的事并没有太影响毕加索与费尔南多的关系。其实他们的关系早已接近尾声，不是多一个孩子少一个孩子所能控制的。在1907年下半年费尔南多写给格特鲁德的信中，她就以女性特有的敏锐叙述了内心的烦闷。她一直将对方视为值得信任的密友，也是她与毕加索感情的见证人：

你想听一些重要的消息吗？我和毕加索要结束了。我们会在下个月分手。他在等沃拉尔还他钱，这样他就可以给我一些，我们还在等待……事情。这些事情将会发展成什么样，以及我该如何在最终分开后重拾我的生活，我都不知道。实在让人沮丧！

不要想着事情还有什么转机。不，巴勃罗“已经受够了”。这都是他的原话，尽管他说我没有什么错，他只是不适合这种生活。

请原谅我让这些烦心事儿打扰了你，但是我实在需要倾诉，而你是唯一一个对我还有一点点兴趣的人，我的心都碎了。想想我现在的生活都变成了什么样，尽管表面上看什么都没有变。我正尽我所能去隐藏我的绝望和痛苦，但是我知道自己有多么伤心，未来看起来毫无希望。噢，我已被彻底地毁灭了，相信我，真正地毁灭了！

分手并非费尔南多所愿，也是她无法承受的一种割舍。从她痛苦的叙述中我们得知，毕加索是做了这个决定的人，也是坚持要回归单身生活的人。如今的费尔南多对于他，就像当初的雷蒙德一样，显得那么突兀和多余。她们配不上自己的生活，更别想染指他的创作。

不久后，沃拉尔给了毕加索1100法郎的支票。毕加索急着拿到这笔钱，最重要的原因是他急于离开费尔南多。这并不是因为突如其来的厌倦，他早已经无法忍受费尔南多每天慵懒地躺在房间里了。这与他的世界格格不入。

毕加索将一半的钱给了费尔南多，两人就此分手。费尔南多的生活并没有像她预想的一样毁灭了。她去拜访了多年未联系的亲人，并且在格特鲁德的帮助下找到了一个跟着她学习法语的学生。

重拾生活信心的费尔南多在洗衣船不远处租下了一个房间，就在毕加索给了她那笔钱之后。为了显示对未来生活的信心，她花了不小费用装饰这里，包括购置一些古董摆设。

不过，这对恋人的关系很快就又恢复了。他们之间有着各种牵绊，也难舍难分。对于毕加索来说，费尔南多的美貌是对他最大的吸引。他们在这次分手风波之后，又保持了四年的情人关系。

在毕加索的立体主义时期初步形成的某一天，即 1908 年年末的某一天，他忽然对卢梭的作品产生了浓厚的兴趣，特别是卢梭所创作的肖像画。毕加索评价这些画作是“最能揭示法国人心理的肖像画之一”，并在后来声称自己从卢梭的肖像画作品中受益良多。

不过，卢梭对于他来说并不是多么遥不可及的艺术家。他最要好的朋友阿波利奈尔与卢梭熟识，因此卢梭有空便会到洗衣船做客。

以毕加索的性格，对于他的同行，尤其是水平高一些的艺术家，他与他们在相处之前总要摆上一道障碍，熟络之后再保持亦敌亦友的微妙关系。这是他待人接物的一向做法，这与他的敏感多疑有很大关系，他改不掉，也从来不想改。

从卢梭的作品中间接得来的灵感令毕加索兴奋不已。尽管当时的经济状况仍没有太大好转，但他却铁树开花一般提出要举办一场宴会，以此向卢梭致敬。

然而，这并不是一场热情且令人难忘的宴会。相反，在所有人眼中，这绝对是一场早已铺垫好的、有意而为之的闹剧。

恐怕在这之前出力最多的就是费尔南多。她几乎承包了宴会所需的餐饮准备工作。大家喜欢她在西班牙生活时学到的海鲜饭，于是她要准备三十几个人的量。除此之外，在费用极为有限的情况下，还要尽量提供看上去没那么寒酸的甜品和酒。

多年后，参加过那场宴会的人回忆起当时的情景时，无不相互嘲笑着露出恶作剧般的神情。

在宴会刚刚开场时，组织者准备了一首祝酒词，是阿波利奈尔写的，言辞夸张，最后还反复带领一众参会者高喊“万岁！卢梭万岁！”

第一个节目带动了整个宴会的气氛。众人在酒精的作用下，将亢奋的情绪持续到宴会结束。

重头戏是，卢梭在当天亲自演奏了小提琴，但他的演奏并没有让人觉得受宠若惊。这位当时已经名气不小的艺术家，用这种行为拉低了身段，反而成为醉酒后的人们的笑柄。当曾经敬仰他的人们，看到他拿着一个儿童用的小型玩具琴，拉起一段滑稽的儿童歌曲时，着实忍俊不禁。

之后，卢梭又拉了很长一段他自己创作的曲子。那本是他为了纪念他的夫人而作的，是一首哀婉的慢节奏的曲子。人们随着这首曲子跳起舞来，却完全扭曲了它的意思，在深情演奏的艺术家面前丑态尽现。

有的人举起肥皂争相往嘴里塞，有的人因舞步夸张碰倒了果酱馅饼托盘，有的人则相互推搡着掀起旁人的衣服。酒量一向不好的毕加索已经醉到无法履行主人的职责，倒在一堆红酒瓶中间。

众人还准备了一把带有高靠背和黑色丝绒套的椅子，用旗子和灯泡做了装饰，靠在挂有“向卢梭致敬”标语的墙上。众人推着卢梭坐在这把椅子上，欢呼雀跃起来。

酒醉的卢梭被这种气氛感动了，眼睛里闪着泪光。他并非没有感受过“万千宠爱于一身”的成就感。就像被催眠了一样，他完全读不懂众人恶作剧般的推崇，却被这种黑色幽默感动到无以复加。眼角挂着泪的他，时而栽倒在沙发上睡着，时而又被哄笑声吵醒，举起酒杯引吭高歌一阵子，又继续倒了下去。

人们早已分不清这场宴会是对卢梭的推崇还是嘲弄，就连卢梭本人也不十分清楚。不过至少在那一刻，他很享受这样的气氛，并完全领会了毕加索的良苦用心。作为宴会的发起人，毕加索的目的是单纯又明确的，他对卢梭没有嘲讽，只有敬意。无论旁人做出怎样滑稽的举动，甚至毕加索也参与其中，但他们内心的想法并不一样。只是最后这场闹剧有些超出可控的范畴，鲜少能痛快欢聚的艺术家们玩到忘乎所以，而宴会的主角卢梭却成为无辜的牺牲品。

至于想明白了前因后果的卢梭，也没有对发生的这一切心生芥蒂。证据就是他后来成为洗衣船的常客，并且与毕加索的关系越发亲密起来。

阿波利奈尔介绍了卢梭与毕加索认识，但他对卢梭始终怀有偏见。他曾经在毕加索面前用戏谑的语言嘲笑卢梭，却被毕加索严肃地制止了。从此，他再没有做过这种事。

毕加索欣赏卢梭的才华，并不像其他人那样总是拿卢梭的“愚笨”取乐。他对卢梭的崇敬，促使他在那一时期收藏了几幅对方的作品，如《外国列强代表抵达，向作为和平标志的共和国致敬》等。

第二年 8 月，毕加索的姐姐罗拉的婚礼将要在马加拉举行。毕加索与费尔南多决定在那里度过这个夏天。

在天气逐渐转热的 5 月，他们二人就已乘坐火车到达巴塞罗那。

危机
——美丽的负累

这是费尔南多第二次随着毕加索次来到西班牙。她明显感觉到，与上一次不同，毕加索不再那样自豪地四处向人介绍自己的未婚妻，即便是第一次见到费尔南多的人，也只是在毕加索的催促下匆匆打了个招呼而已。

更不幸的是，费尔南多之前在巴黎感染的肾病在此时突然发作，巴塞罗那湿热的气候更令她苦不堪言。两人到达之后，赶快找了医生诊治，得到的嘱咐是，必须尽可能多地卧床休息。

毕加索对此毫无耐心。他没有时间去等待身边的女人养好身体再出发，那样会打乱他所有的计划，甚至毁掉他们的夏季旅行。

费尔南多虽然在病痛和失落中忍耐着毕加索的无情，但在异国他乡无计可施，只好在稍稍好转之后立即与其踏上了之后的路途。她心中的苦闷无处发泄，便写信给格特鲁德等几位朋友，抱怨这个“见鬼的城市”的所有细节，并请求他们来巴塞罗那陪伴自己。

与前一次回马加拉相比，毕加索不仅与费尔南多的关系冷淡了许多，与父母的关系也显得更加疏远。他在距离父母家不远处租下了一间客房，与费尔南多在那里度过了悠闲的十几天。这种疏远的原因之一，就是他的父母不知为何突然对费尔南多产生了反感，可能是听说了这个美丽女人的一些往事，或者她说错了某些话、做错了某些事。总之，他们不再认可这个未来的儿媳妇，更不会在亲朋面前以之为傲。他们开始向其他人否认费尔南多作为毕加索未婚妻的地位，并用“暂时”这一类的词语来形容他们的关系。费尔南多对此知之甚少，却也有所感觉。毕加索倒是很少与父母来往了。

为了让费尔南多尽快恢复，毕加索承担了照顾她的责任，这大概是他们确定关系之后，第一次由他来照顾费尔南多。同时，他在这十几天内画了一些小幅钢笔画，风格清新流畅，代表着他当时安定又期待的心情。

终于，在费尔南多基本康复之后，两人收拾好行李，进入山中的小村庄霍尔塔。

这个村庄只有一家旅店，好在还有空闲的房子让毕加索做画室。他们的到来也让原本安静的村庄变得热闹起来。那么多稀奇古怪的物品，看起来是那么精美又昂贵，被费尔南多带到这里。这些新奇的东西吸引了妇女们的注意。最初，凭借着她们的好奇，费尔南多还受到了一些优待。

但是，当这些淳朴的妇女得知费尔南多只是毕加索的情人，两人是未婚的同居关系时，她们无法接受了。费尔南多的一颦一笑在她们眼中变得放荡不堪，她们也不允许这样一个女人生活在村子里。因此在某一天夜里，费尔南多和毕加索已经熟睡之后，突然听到旅馆房间的玻璃被砸碎了。两人惊醒后，赶快躲避到安全的地方。借着月光，他们看到碎玻璃洒在了被子上，凉风从窗户的破洞里呼呼地吹了进来。

此时，门外传来了妇女的咒骂声。毕加索隐约听清楚了，她们是在辱骂费尔南多行为不检点。虽然毕加索想不通这些事情与她们有何相干，但为了避免这类事情再次发生，他必须想办法制止这些妇女的疯狂行为。

于是，在费尔南多的哭泣声和劝阻声中，他拿起一直带在身上的左轮手枪，冲出了房门。不过还没等他扣动扳机，门外那些发疯的人就一窝蜂地逃走了。

她们没见过费尔南多的面纱，也没见过毕加索的相机，但都见过手枪。

毕加索的果断换来了一段时间的平静。他们在村庄中的生活不仅得到巴塞罗那市长的照顾，国民警卫队队长还专门为他们配备了五名全副武装的警卫，随时保护他们的安全。

这些优待自然是费尔南多从未受到过的，她因此不再急于回到繁华的巴黎，因为在那里她只是洗衣船里一个慵懒的穷女人。在这里，她简直过上了王后般虚幻的生活。对她来说，这种日子哪怕多一天都好。

然而，她的满足并未持续多长时间。很快，肾病又一次造访了她。如果说在巴黎期间生病，她至少可以找来朋友聊天打发时间，可是在霍尔塔，她除了卧床休息和控制饮食，再没有一件可以做的事情。这让她痛苦不已。人们从在她寄出的信中完全可以体会到她当时无助的心情，她在信中也描述了毕加索在村庄里的情形：

> 无时无刻我不在遭受肾痛和腰疼的折磨。我痛得好像要如此凄凉地死去。虽然这种情况只发生过两次，但是这让我非常虚弱而筋疲力尽。我开始便血，有时候几乎全是血。巴勃罗因此尤其恼火……我希望在这里看到你，以便你自己做出判断……我们会在巴塞罗那接你，如果我病得厉害，巴勃罗会独自来接你。
>
> 巴勃罗的脾气很暴躁，我在他那儿没有得到任何精神或物质上的安慰。当我被病痛折磨时，他所做的一切只是脸色苍白，然后变得跟我一样病恹恹。如何是好？……你是唯一一个我能诉说我有多么沮丧的人，我已经要失去希望了。在这世上我期望的最后一件事就是让巴勃罗知道我是真正地不堪一击了。你看，我从来没有真正地生过病，但在西班牙的这两个月，我没有得到一刻喘息。
>
> 在巴黎的时候，我已经很糟糕了，但还有力气撑得住。在这里我实在太寂寞了。如果再持续一个月，我保证那是最后的一个月，我将会死去。巴勃罗对我没有任何帮助，他不想知道任何事。他太过于以自我为中心，无法明白现在是我需要他。他要对我的情况负责，是他迫使我在去年冬天来这里的。他完全挫败了我。所有这些都是神经过敏，我知道，但我已没什么脸面了，我抗不下去了。该如何是好？如果我表现得伤心，他就会大发雷霆。我还有一些其他的事要告诉你，虽然还不确定，但是我好像怀孕了……离我第一次

有迹象已过了八天。但是怀着孕又生着病的我要怎么办呢？

原谅我告诉你所有这些事……我并非有意为之但却又不能自已。尽管我相信他是爱我的，但是我感到太悲惨、太寂寞。巴勃罗会毫不注意我的病情而让我死去。只有当我太难受时他才会停下片刻为我费心……你会说我自己承担得太多，但你是唯一一个我可以吐露心声的人。太悲剧了，可能很滑稽，不过这可以让我平静下来。

很明显，毕加索对费尔南多的无助视若无睹。费尔南多也并不是唯一一个被他忽视的女人。这位艺术家始终将女人视为“一个受苦的机器”。他对女性的不重视和需求或许与他童年的经历有着千丝万缕的联系。费尔南多在信中强调的怀孕一事只是她不切实际的幻想。但是，她当时所遭受的身体上和心灵上的双重痛苦，却是真实发生着的。每天对着一个对自己漠不关心，甚至因自己的病痛而责骂自己的人，她却安慰自己他是爱自己的，费尔南多的可怜因此又增添了一分。

在毕加索的一生当中，没有一个女人是特别的，也没有人能够真正改变他。

与费尔南多的痛苦形成鲜明对比的是，这里的自然风光成为毕加索最好的灵感来源。他在霍尔塔的生活完全是轻松自在的，除了在面对费尔南多哭丧着的面孔时。他将自己之前在其他国家和城市看到的植物与建筑回忆起来，并结合霍尔塔的独特风景，绘制成独一无二的艺术品。

离开了巴黎，毕加索仿佛硬生生地甩掉了所有束缚。他将自己完全融入这个祥和宁静的村庄之中。这里的一草一木似乎都是为他而准备的，清风为了他而吹拂，云朵为了他而流动，一切的一切都那么自然和美好。他有时会想用儿时某一时刻的美好记忆来形容此刻的感受，可却找不到任何类似的记忆。因为这一刻，就是他一生中最为无忧无虑的时刻。

除了自然景观本身，毕加索更喜爱这里的光线，特别是在山顶，存在着无法用语言描绘的美妙光线。很多时候，毕加索坐在山顶的岩石上，观察这些光线从这里蔓延到那里的过程。他认为，这些光线只属于他，他就是要独占这一切。这也是他来到霍尔塔的原因。

费尔南多的病情并不能牵扯毕加索的精力。同样不能引起这位画家注意的，是巴塞罗那爆发的革命。暴民和军队在街上冲突不断，各种野蛮行径此起彼伏。妇女儿童的死亡，建筑物的烧毁，所有战争带来的恐怖结果，都丝毫没能引起毕加索的注意。他对这场血雨腥风唯一的反应，仅仅是在写给斯泰因一家的信中的只言片语。

对革命进展漠不关心的毕加索，最后却以安全问题为理由拒绝参加姐姐在马加拉举行的婚礼。此次回西班牙，他始终以抵触的情绪去面对那些亲朋，仿佛那些人就代表了他父母对他的态度和看法。他们从未真正欣赏自己，对自己不抱有任何期望，却又总是对自己表示失望。这实在令人匪夷所思。

在局势稍见稳定以后，毕加索带着病重的费尔南多回到巴塞罗那。此时的美人，已经成为毕加索的负累。很多时候，毕加索无法控制自己的情绪，暴躁地对待虚弱的费尔南多。原本此行可以更顺利，收获也应该更多。他将不足之处全部归咎于费尔南多的拖累。在巴塞罗那的两个星期，费尔南多一再催促着，想要早些回到巴黎。因为巴塞罗那的医生已经明确告知，这里没有能为她治病的权威技术，她需要真正的巴黎医生为她治病，否则后果不堪设想。

终于在 9 月中旬，他们带着行李，坐着火车头等车厢回到了巴黎。得到及时救助的费尔南多终于松了一口气。

1910 年 1 月，受尽病痛折磨的费尔南多终于接受了手术。她期盼健康的心情远远超出了对手术台的恐惧，手术很顺利地完成了。

可是，身体的病痛能通过手术解决，心理上的伤痛却难以愈合。

在费尔南多被肾病折磨期间，毕加索不仅没有给予她足够的关怀，还少不了抱怨甚至嫌弃。特别是他怪罪费尔南多将钱浪费于治病上，这令费尔南多颇为伤心。这场病让她更看清了毕加索对待女人的态度。只不过，她还是没能下定决心离开这个“薄情寡义”的男人。

她贪恋“毕加索未婚妻”的头衔，这实在是太吸引她了。

毕加索对费尔南多的关注和需要每一天都在减少，可是这个美丽的女人却死活不肯松手。她总是能找到许多借口安慰自己，哄骗自己，假装毕加索是因热爱艺术而对自己疏于照顾的。“何况，谁的爱情能打败时间呢？”她以这句话为座右铭，体味着渐行渐远的恋情。

每当毕加索想要逃离，费尔南多总是亲手将他拽回，直到毕加索发现费尔南多在她的作品上签上了“费尔南多·毕加索”这个名字。

这令艺术家感到极为厌烦。

毕加索觉得，费尔南多的步步紧逼就像一双无形的手，令他喘不过气来。

不幸的童年生活，让费尔南多严重缺乏安全感。她渴望婚姻带给她安定的生活。虽然她与毕加索在一起生活了很长时间，如同夫妻一样，可是情人的关系总是能因为任何一件小事分崩离析，至少她是这样认为的。

毕加索对于女人的依赖，就像幼时对母亲的依赖一样。他习惯于费尔南多在他的生活中充当女主人的角色，但又不想真正与她成为夫妻。这是他矛盾的地方，也是他与费尔南多真正的矛盾所在。

随着毕加索在绘画方面的名声有所提高，他的收入也有了明显增长。为了能够撑起艺术家的颜面，他与费尔南多搬到了克利希大街 11 号，住进了位于这座建筑顶层的新居。

就像很多从洗衣船走出去的艺术家们一样，搬家意味着成功的第一步，但毕加索极其不愿更换环境。洗衣船算得上是他人生中第一个稳定的落脚点，是他的梦想开始的地方，他有太多的喜怒哀乐在这里。

新的画室宽敞明亮，就连每天早晨洒进来的阳光，看起来都要比洗衣船的温暖柔和。虽然有诸多不适应，但毕加索还是将这里作为长久居住的地点，认真地布置了一番。这也算是一个好预兆吧。谁不希望自己的居所一间比一间好呢？

毕加索写信给母亲，告诉他自己近来的状况，并且将迁往新居的好消息告诉了母亲。不久后，他竟然收到了父亲寄过来的精美的家具。毕加索想，父亲和母亲对待孩子的态度终究是不同的。无论自己境况如何，母亲总是担心着、欣慰着，从未对他提出任何要求，也从未抱怨。可父亲最关注的永远是他是否出了名，是否赚了钱，是否在巴黎混出了模样。

如今自己算是从阴霾中走了出来，父亲兴许是十分高兴的，大概也是生平第一次为毕加索这个儿子感到骄傲。

除了父亲送来的家具，毕加索还着实在旧货市场认真地挑选了一番。费尔南多倒是很喜欢如此明亮的房间，她有了更多空间去装饰一个心目中期待的家。

新居的门外是林荫大道，路的两旁挺拔着一排排笔直的树木。无论是清晨还是傍晚走过去，总有沁凉的阴影为你遮挡夏天的烈日。每当相约的友人快要到达，费尔南多总喜欢站在道路的这一头远远望去，用喜悦的目光迎着那一边的某个人走过来。这种仪式感极强的行为给了费尔南多“艺术家夫人”的错觉。

不过她喜欢错觉。新居的建筑设计得通透，穿过楼顶的玻璃窗，能看到圣心大教堂，再也不像在洗衣船那样，抬眼望去只有晾晒的衣服和残旧的画布在一起飘来飘去。

费尔南多喜欢这里，因为这里距离神更近。

迁入新居以后，二人的社交活动多了起来。体面的居所成为他们招待朋友的新地点。费尔南多也不必忙碌着准备餐食，因为他们请了一位女仆照顾他们的起居，主要是为他们准备吃的东西。

毕加索《水手》习作，1907 年 3 月。速写本页上黑色铅笔，24.2 厘米 X19.3 厘米，毕加索博物馆

不过，当最初的满足感逐渐褪去之后，毕加索又对这些社交感到厌烦。因此在费尔南多的建议下，他们改在每个星期日的下午做一个小型宴请，平日里很少会约朋友过来。之后，他们终于开始了稳定平静的生活。

这种稳定和平静只是相对而言的。这个由两人组成的“家庭”对外界来说是稳定的，实际上两位成员之间的关系却是暗潮汹涌的。

费尔南多的无所事事成了毕加索眼中最容不下的事，尽管此时的他们完全不会为了钱而发愁。毕加索也绝不会允许自己的女人外出工作，接触他认为肮脏的社会和人群。可是他会不自觉地将自己的压力和困苦与费尔南多的舒适惬意相对比，由此产生了抵触情绪。

因此，每当他在创作上遇到挫折——事实上他很少有顺利的时候——他总是对费尔南多横眉冷对。这个美丽的女人对他百般讨好，温柔似水，他都像是对待仇敌一般冷漠。有时他对女仆说的话都要比对着费尔南多说得多。

在立体主义这条道路上，毕加索总是忧心忡忡。他渴望突破，却又不想完全将传统的绘画方式舍去。因此有一段时间，他画出的每一笔都是在传统与突破之间摇摆不定。不过在1910年至1911年之间，他逐渐意识到他的立体主义与传统绘画并未完全分离，他也从未丢掉过传统的绘画方式。于是，他更加从容不迫地继续着立体主义之路。

新居在一段时间内给了毕加索新鲜的灵感，却转瞬即逝。在1910年夏天，他带着费尔南多再一次回到西班牙，他渴望获得更多的营养。

这一行主要是受到朋友拉蒙·皮乔特及其妻子杰曼的邀请。他们将度假地点定在了卡达凯斯，这是一处位于巴塞罗那东北边的充满魅力的海岸线。

1910 年 7 月 1 日，毕加索和费尔南多带着家中的女仆和狗出发了。

卡达凯斯与其他沿海地区有着完全不同的氛围。在皮乔特一家的治理下，这里成为最负盛名的艺术家聚集地之一。在这里，你很少会看到过于商业化的景观，这里最原始和淳朴的村庄景色与艺术气息吸引着无数的度假者前来。

考虑到毕加索需要一个相对安静的房间做画室，皮乔特特意在海湾北侧的地方找了一处住房。房子虽然稍显破旧，却很合毕加索的心意。

费尔南多却对这一住处表现出强烈的不满，其中很重要的原因是他们需要自己花费租金来使用这里，而不是朋友无偿的款待。但她忽略了一点，即便环境没有期望般优美，她也摆脱了家务的困扰。跟随他们一起来的女仆是一个聪明的女人，而且十分勤快，很快就适应了新环境。她总是能用当地最基础的食物，稍做加工，制作出平时在巴黎吃不到的美味。在这一方面，她要比费尔南多心灵手巧得多，也更让毕加索满意。

这是一次前所未有的难忘之旅。毕加索终于可以全身心地投入创作，将一切繁杂都掩埋在闪耀着金色光芒的细沙之中。

在这次旅行中，毕加索的立体主义更趋向具体化与个性化。他所创作的《卡萨凯斯的海港》，描绘了海岸上停泊的船只。与以往不同的是，他采用了从未涉及过的表现形式。他将许多船只的整体形状作为单独的个体，并非画出它们漂浮在海上的样子，而是将它们堆积叠加在一起。正面的、背面的、侧面的，挤在一起像在自由地翻滚着。这些个体用网格的结构拼接起来，强调了结构性，看起来也更有动感。

绘画风格上的新尝试颇为成功，这令毕加索兴奋不已。据当时与他有过交集的朋友说，毕加索每日沉迷于创作，闲暇之余便同他们出海打渔。但他极少会带着费尔南多，并且看上去似乎刻意躲避

毕加索《卡达凯斯的海港》，1910年夏。布面油画，37.8厘米X45.5厘米，布拉格国家画廊

着她。

不过费尔南多对于艺术家的创作而言并非毫无用处。毕加索在这一时期还尝试了类似人物解剖图的画作。人们猜测这源于他之前看过的费尔南多手术时的X光影像图。不过，这种间接的影响并没有得到回报。在整个卡达凯斯度假期间，我们在毕加索的作品中没有看到费尔南多的身影。或许真的像那位朋友说的，毕加索在刻意躲避他的情人。

躲避的原因之一是，费尔南多转好的心情与健康状况反而减少了对艺术家的刺激，毕加索在她身上早已找不到任何灵感。不过费尔南多与皮乔特一家相处得十分愉快，又少了家务的负累，整个度假期间她都感到很轻松。但是，这里的自然环境一直令她很不满意。海边的沙子过于粗糙，山过于低矮，这些都没能为她的假期增添一丝光彩。尤其是这里的食材更是匮乏得要命，水果与巴黎的价格差不多。

8月，天气稍稍转凉，毕加索带着家眷回到了巴黎，卡达凯斯之旅结束。

第五章 / 蜕变与攀升

——立体主义的延续

罗生门
——卢浮宫盗窃案

艺术家最关心的是他这几个月来绘画的成绩如何。实际上，对于此次假期所创作的作品，他并不是十分满意。他虽然做出了技巧方面的改变，并且确定没有抛弃传统画法，但仍担心巴黎的画商们是否能接受自己的细微转变。

画商沃拉尔一如既往的支持，令处在担忧中的毕加索宽慰不已。不过沃拉尔购买其卡达凯斯之行大部分画作的原因，并非毕加索所期望的，是对他绘画风格和技巧的认可，只不过这位商人看中了毕加索的天赋与长久的影响力。至于买走其余那些画作的画商，恐怕也是出于这种想法。

不久之后，毕加索开始在图书馆工作。这里的主人是汉密尔顿·艾斯特·菲尔德。一个出身优越并且对艺术有着独特见解的人。不过他是公认的吝啬鬼。在与毕加索长达两年的项目合作中，显而易见地，他利用毕加索的耿直压榨了艺术家的工作成果。

除了为菲尔德的图书馆制作大尺幅镶嵌画外，毕加索还在这期间为沃拉尔等画商画了一些立体风格的肖像画。有趣的是，毕加索使用了不同的手法来表现这些面孔。画作完成之后，他们每个人神态各异，看上去千差万别。虽然我们无法直接用“美”与“丑”评判这些画，但却能从中窥探到画家作画时的内心活动。画家对画中不同身份的人有着截然不同的态度。因此，当这些面孔通过他的画笔跃然纸上时，所呈现出的形态也会跟随着画家内心变化而变化。即便他想掩饰自己内心的爱憎，却也无法完全掩饰得了。何况，他根本不想掩饰。

伍德大概是毕加索印象中最好的一位画商，至少从画作上来看是这样的。毕加索用了较短时间完成了伍德的肖像画。伍德与毕加索之间关系向来微妙。毕加索明知伍德同性恋的身份，却从未因对方对自己表现出亲近而感到厌烦。这不得不归因于伍德画商的身份。毕加索虽沉闷偏执，却在多年的摸爬滚打当中学会了如何与画商打交道，更何况伍德并不像其他画商那样唯利是图。与其说他一直在通过买卖画作赚钱，不如说他在赚钱的过程中享受绘画的乐趣。与其他画商相比，伍德更像是一位艺术家，这也是毕加索不讨厌他的原因。他们互相视对方为同行，经济状况更好一些的伍德与毕加索一直惺惺相惜。

两人的友好关系并未让毕加索“手下留情”。相反，他将伍德刻画得看起来像一个刻薄的老头，这反而说明他与伍德的关系更近。因为在他的画中，同样作为画商的沃拉尔却慈祥多了。很明显，毕加索在有意讨好沃拉尔。他渴望对方能与自己签约，增加购买的数量，并给自己的作品以合理的价格。

阿波利奈尔肖像画。这幅作品被误认为是盖里・皮耶雷所画

沃拉尔的肖像与他本人相似度很高，看起来慈祥又干净，然而他眼睛是向下看的，像没有睡醒的样子。不过，这更让人感受到他的和蔼可亲。虽然沃拉尔没有如毕加索所期望的那样，短时间内购买他大量的画作，但毕加索始终对这位画商心存尊敬。他们的友谊一直保持到沃拉尔离世。

第三位模特是坎魏勒。他是几位画商中与毕加索在绘画方面争论最多的。因此，他购买的毕加索画作数量也很少。毕加索将这个人画得最没有特点，这或许是毕加索的一种抗议。不过，坎魏勒似乎对此并不在意，他才不会拿自己去与另外两位画商做比较。

“虚幻”一词用在坎魏勒的肖像上再合适不过了。毕加索在这幅画作上充分使用了网格，将坎魏勒的头部重新分解再组合。人们可以将这幅画猜测成任何人，因为上面已经看不出这位模特的任何特征。

除了以这种方式与画商们你来我往，毕加索在同一时期还帮助几位有潜力并且肯听他的话的年轻画家推开了立体主义的大门。

首先是出身富商家庭的胡安·格里斯。毕加索对这个年轻人总是保持着充足的耐心和关注。这不得不归结于一个重要原因：格里斯同样来自西班牙。他在 1906 年为了躲避西班牙的兵役，逃到了巴黎，逃到了洗衣船。他最初以画漫画为生。穷困潦倒的他却有着很好的女人缘。

在来到洗衣船后不久，格里斯就吸引了一位姿色平平的女孩露西。1909 年，他们有了一个儿子。二人的经济状况根本无法抚养这

伊比利亚人，《女人头像》。石头（以前为阿波利奈尔所有），圣日耳曼昂莱国家考古博物馆

个孩子，只好将其送到格里斯的家乡马德里，由他的家人帮忙照看。

不久后，露西离开了格里斯，一位漂亮的女士出现在格里斯的生活中。与毕加索和费尔南多不同的是，这两个人结了婚。这位女士并不像费尔南多那样整日无所事事，她在一家环境优雅的服装店工作，平时打扮很得体。

相较而言，无论毕加索与费尔南多共同生活了多少年，他们始终是临时的情人。

在毕加索眼中，格里斯还算是有天赋的画家。因此，毕加索会尽可能地为这个年轻人创造条件，带他走进立体主义绘画的神秘世界。格里斯最初的几年穷困潦倒，他的性格也不讨人喜欢。但是凭借毕加索的青睐，洗衣船的其他成员从不会轻视格里斯。

从格里斯与毕加索的通信中可以看出，他视毕加索如兄如父，对他言听计从。格里斯称毕加索为“尊敬的老师”，自称为“您的学生和朋友”，可见毕加索在他心中的地位之高。

1911 年 7 月，毕加索以单身的身份前往塞雷。实际上，此时他并未与费尔南多分手，不过两人的感情早已出现裂痕，各自揣着自己的小心思，并且对方都已心知肚明。

先是毕加索在巴黎的时候，在洗衣船找了一间空房作为工作室。他的理由是：这里更安静，方便躲避朋友们的打扰；同时，这里空间足够大，有利于他完成菲尔德图书馆的作品。

然而，他更直接的目的是：他在这里可以躲避费尔南多的监视，偷偷约会其他女人。不过这种背叛并非是单方面的。费尔南多之所以默认了毕加索的“分居”行为，也是在为自己做打算。

没有人会一直活在梦里，即便费尔南多不想从这虚幻的梦中醒过来，她的情人毕加索也会用冷漠的态度一次次告诉她“我并不爱你”。尽管毕加索从未说一句“分手”或者要赶她走，却用行动重复着做出“推开”的动作，将她推得越来越远。她已经陷入绝望。

在塞雷，毕加索顺利地完成了菲尔德图书馆镶嵌画中的一幅。在这幅画的绘画过程中，他的对手马蒂斯阴差阳错地给了他动力。当毕加索得知马蒂斯正在距他几公里外的地方度假，并且也在着手制作大型装饰画时，他不由得紧张起来。无论马蒂斯是否将毕加索视为劲敌，他在毕加索心中依然是一等一的最大对手。因此，毕加索投入了极大的热情和几乎全部的时间在这幅画上。

我们可以猜测，马蒂斯也对毕加索抱有猜疑和顾忌。即便他们二人相距并不远，但比较致使他们没有相互探望。

除了菲尔德图书馆的镶嵌画，毕加索在塞雷还创作了《大胡须的人和次中音管》等作品，尤其是对音乐从来不感兴趣的他，竟然在这一阶段将音乐作为重要的主题之一。不得不说，塞雷的环境和人给了他不同于以往的刺激。

新的画作、新的友人、新鲜的元素充斥着他的假期。没有费尔南多的生活是如此的惬意。不过，他还是写了信给费尔南多要她来塞雷。由此可看出，毕加索在塞雷并没有找到合适的情人。

1911 年，毕加索卷入了一桩偷窃案。不过，此次事件要追溯到四年前。

1907年2月，毕加索通过阿波利奈尔认识了一个叫盖里·皮耶雷的人，由此被卷入偷盗卢浮宫一案。

皮耶雷出生在知识分子家庭。父亲曾是当地有名的大律师，却在1905年自杀。这件事对皮耶雷打击很大，他因此换上了精神类的疾病。皮耶雷在1904年遇到阿波利奈尔，那时他在一间杂志社工作。每天忙碌的工作令他的病情更加严重，他竟然勒索起自己的老板。

在皮耶雷深陷麻烦的时候，阿波利奈尔挺身而出帮助了他。这并非因为阿波利奈尔的同情心泛滥，或者喜欢管闲事，而是因为他被皮耶雷帅气的外表所惊叹，接着又被对方的口才所折服。他看得出，皮耶雷绝非一般人，而是一个缺少机会的人才。不过，这只是阿波利奈尔一厢情愿的想法。

很多人怀疑他们两人有着非同寻常的关系。其中一条证据就是皮耶雷坦言自己是双性恋。虽然他没有直接承认与阿波利奈尔的关系，但这并没有减少人们的质疑。

这位新朋友引起毕加索和费尔南多的兴趣。他们喜欢皮耶雷的幽默风趣和见多识广。但他们并不知道，皮耶雷干过数不胜数的不可告人的勾当，如盗窃、诈骗、贩毒，自然也坐过牢。皮耶雷只是讲述了一部分让人能够接受的历史，就已引得大家惊叹不已。殊不知，这个精神不正常的冒险者敢做的事还远不止这些。

时间应该是1907年3月初，皮耶雷第一次进入卢浮宫。据他的一位女性朋友玛丽回忆道，皮耶雷在出发之前曾问她："我要去卢浮宫，你有什么想要的吗？"玛丽以为他指的是卢浮宫里面的商店，因而并未觉得这个问题有何不妥。

对于进入卢浮宫偷窃一事，皮耶雷宣称自己并不是蓄谋已久的。他对此发表过一段说明：

我在一个昏暗的角落里停停走走，抚摸着一个丰满的脖子或一个精致的脸颊……我突然意识到要拿起和带走一件尺寸不大的物品是多么容易。

那天我穿了一件箱型大衣，我身材很瘦，这使得我往衣服里加点东西也不会引起别人的注意……之后我来到一个大约四平米的小房间，这是腓尼基文物展厅。

这时只剩下我一人，周围鸦雀无声，我便用这段时间看了大约五十个头像……后来我选择了一个两边带锥形的女人头像。我把雕像放在我的胳膊下，把大衣领扣好……便走了出去，还向那个保安问路，他依然在那儿一动不动。

我把这件雕塑卖给了巴黎的一个朋友。他给了我一点钱——大概五十法郎，当晚我就在台球室把这笔钱弄丢了。我对自己说，丢了也罢，所有的腓尼基雕塑都在等着我呢！

第二天，我就拿走了一个有着巨大耳朵的男人头像，耳朵这个细节吸引了我。三天后，我又从腓尼基厅旁边的大展厅里拿走了一块写着象形文字的石膏残片，我的一个朋友花二十法郎买下了它。

之后我就搬走了。

皮耶雷解释道，他从未想过要去偷窃艺术品，只是卢浮宫安保措施漏洞太大，他就顺手拿了一件，之后又在不同的时间返回去继续拿，好像这些都是机缘巧合之下的临时起意。而且，他认为这应该归咎于卢浮宫没有保护好这些珍贵的文物，给了他可乘之机，最终导致他犯了错。

他还辩解说自己对这些东西完全没有兴趣，只是给热爱艺术的朋友一些帮助而已，换来的钱他也并没有真正拿去享受。

盗窃事件在发生后的第四年才结案。至于他最初为何会被当做怀疑的对象，也是由于卢浮宫的艺术品《蒙娜丽莎》的丢失。皮耶雷看到《巴黎报》上面刊登了悬赏5万法郎的信息，他自然不会放过这样的好机会。他将自己盗窃的故事卖给了《巴黎报》。当然，阿波利奈尔和毕加索也随之被牵扯进来。偷盗的目的是什么呢？无非是为了钱。不过，他在向《巴黎报》承认自己偷盗行为的时候，将自己的目的叙述为“为了检验卢浮宫安保系统的好坏”。

这位盗窃者的言辞被人们视为一派胡言。他所盗走的那两件古董绝不是轻而易举就能塞进衣服里的。他一定是提前有所准备，而且他能如此迅速地将雕塑转手出去，事先怎么可能没有计划。人们甚至怀疑，这里面有毕加索教唆的成分。

而毕加索也曾多次去过卢浮宫的腓尼基展馆，对那里的文物应该相当了解。他对这些质朴的古董一定非常感兴趣。因此，他要求皮耶雷去为他偷盗雕塑，也并非完全不可能。

最大的可能性在于，皮耶雷带回雕塑之后，毕加索毫不犹豫地买了下来，同时假装并不知道它的出处，还要假装相信了皮耶雷编造的谎言。总之，在这件事上，毕加索被认定是与偷盗者同样说了谎的。

皮耶雷的口供将毕加索和阿波利奈尔这两个外国人瞬间推到了风口浪尖。他们担心会因此事而被驱逐出境，决定尽快将这块烫手的山芋处理掉。

根据费尔南多后来的叙述，毕加索和阿波利奈尔对于接手雕塑十分懊悔。他们大概没有想到事情过了这么久还是被揪了出来。

阿波利奈尔提议，将雕塑装进行李箱里，等到天黑的时候扔到塞纳河中。于是，两人吃过晚饭后，就一直坐在沙发上，盯着行李箱发呆。终于到了凌晨，在确定路上没有人后，毕加索和阿波利奈尔带着行李箱出发了。

可是，事情并不像他们预想的那般顺利。两个人沿路行走，紧张得要命，生怕遇见什么人。毕竟住在附近的熟人实在是太多了，没准谁就会成为将来的“目击证人”。二人怀着忐忑的心情走了一段路，但谁也没有勇气将箱子丢掉。他们认定会有人捡到它并且揭发他们的丑事。

两人垂头丧气地回到家，商量之后决定向《巴黎报》上交两件雕塑。

为了让皮耶雷闭嘴，阿波利奈尔将他送上了火车，以远离这是非之地。不过像皮耶雷这样的人，他在哪里，哪里就会成为是非之地。后来他被控告盗窃古董而被判入狱 10 年。当他得知这个消息以后，毫不犹豫地逃到了亚历山大，继续他的“行骗之路”。

一件小小的雕塑给了毕加索无限的想象空间，助他完成了《亚维农少女》。不过，这一事件也为他埋下了永远无法洗清的污点。

皮耶雷的离去并未让事件就此结束。《蒙娜丽莎》的丢失扰乱了整个巴黎。毕加索与阿波利奈尔也成了盗窃艺术品的最大嫌疑人，而且有些人已经将他们与皮耶雷视为“盗窃团伙”。警察搜遍了阿波利奈尔的住所，在他与皮耶雷的书信中找到了蛛丝马迹。他被指控“窝藏盗贼并接受赃物”，最后真的被送进了监狱。

毕加索的境遇也好不到哪去。他同样受到指控并且在吓得浑身发抖的情况下被带往警察局。于是，就有了他与阿波利奈尔在警察局相见并且痛哭流涕的一幕。不知毕加索使用了什么手段，他最后竟然洗脱了收买赃物的罪名而被释放了。但众所周知的是，他为了证明盗窃事件与自己无关，竟然当庭否认自己与阿波利奈尔认识。这一点也被后人所诟病。

从 1911 年冬天到 1912 年，是小雕像事件结束后最敏感的一段时间。就像一场龙卷风刚刚平息，留下的却是一片狼藉和无法愈合的伤疤。

因为此次事件而被调查的整个经历，让毕加索心有余悸。他每天胆战心惊，总是觉得会有人上门逮捕他。他想出门躲避，又担心被人跟踪。有时费尔南多与他一同出门，要跟着他更换好几辆出租车，以甩掉他想象中的那些“跟踪者”。如若在路上有人不小心撞到他，他会怒不可遏地用拳头将对方打倒，仿佛对方是来要他命的。

如此这般的神经质作为，不仅让毕加索日益憔悴，就连一向适应能力极强的费尔南多也叫苦连连。犹如惊弓之鸟的艺术家在她眼中突然变得无助而又渺小，早没了当初的魅力。更令她无法忍受的是，毕加索反复提及他被捕当天，费尔南多没有在他最需要的时候给予他任何帮助和劝慰，而是站在一旁冷漠地看着他被带走。他的尊严在情人面前彻底崩塌了，他因此在费尔南多面前抬不起头来。

明知两人之间的关系已经彻底无法调和，费尔南多决定趁着自己尚且年轻漂亮，去寻找下一位情人。

拼贴
——源于生活的真实与生动

1911 年底，一群未来主义者来到巴黎，就艺术问题与毕加索等艺术家进行了深入交流。在队伍中有一位年轻的画家名叫乌瓦尔多·奥皮。这个男孩看起来二十岁左右，长得机灵又干净。费尔南多从第一眼见到他开始，就当着其他艺术家的面与他逗趣。这个老练的美丽女人常把奥皮逗得满脸通红。

谁都没有留意到费尔南多与奥皮之间关系的微妙变化。众所周知，毕加索是绝容不下在自己面前发生这种事的。可是费尔南多却偏偏在他的眼皮底下，与一个比他年轻十岁且腼腆俊朗的画家勾搭在了一起。

当然，整件事情需要有人从中协助。这个出手帮助费尔南多出轨的女人，可是一个相当有趣的角色。她叫伊娃，是毕加索心中的“我的小美人”。她帮助费尔南多与奥皮约会，导致毕加索与费尔南多彻底决裂。也是她，替代了费尔南多的位置，成为毕加索的新宠。

伊娃原本有自己的情人，他们二人都是毕加索认识不久的朋友。可以说，这个女人的美貌与费尔南多不相上下。而且，她看起来更

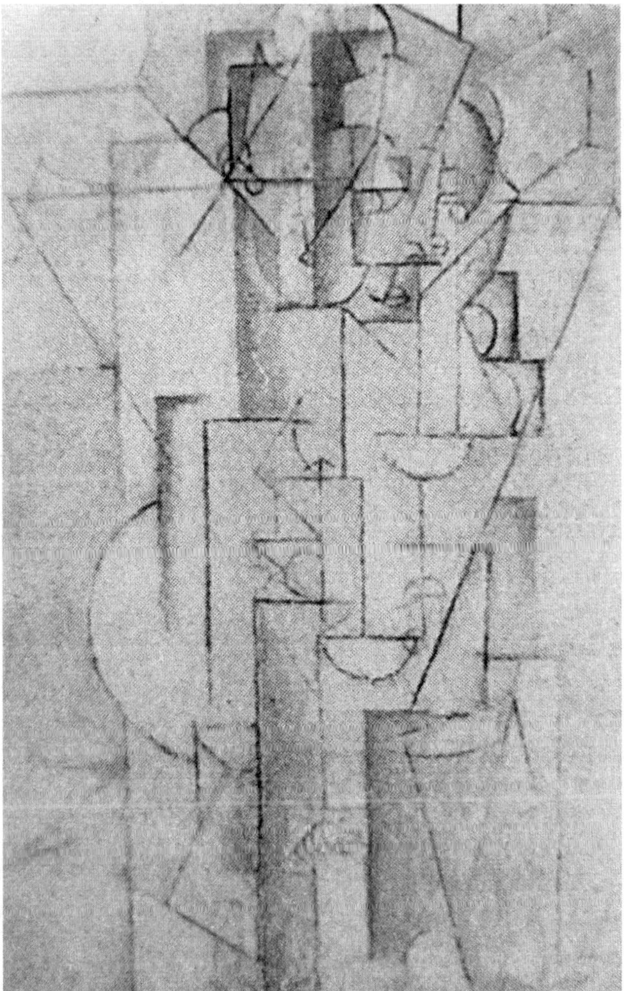

毕加索《女人裸体》，1912年。布面油画、沙和炭笔，98.5厘米×63.5厘米，哥伦布美术馆俄亥俄州：斐迪南·霍华德捐赠。

小巧精致一些，也比费尔南多行为更得体，从未表现出轻浮的一面。不过事实证明，她只是更善于管理自己的言语和行为。

在性格方面，伊娃要比耿直的费尔南多精明得多。她通晓人性，更是将费尔南多对她的信任当作武器。当费尔南多向她透露自己对毕加索的不满，以及对下一个情人的期待时，伊娃便不假思索地主动提供了帮助。她小心翼翼地充当着费尔南多的知心好友，内心却对她充满了嫉妒之情，恨不得赶快取而代之，成为新一任的“毕加索的情人”。

在伊娃的“运筹帷幄”之下，这个目的很快就达到了。

就在费尔南多顺利地约会她的小情人的同时，伊娃与毕加索开始了秘密的情人关系，并且她还与之前的情人也保持着联系。伊娃实在是精明，她将费尔南多的事隐藏得颇深，更不会将自己的“毕加索的秘密情人”的身份公布于众。

尽管毕加索身边有了新的情人，但费尔南多的背叛还是令他愤怒不已。这更多的是他的自尊心在作祟。他担心所有人都知道他的情人跟一个刚认识几天的年轻画家跑了，这简直会成为整个巴黎艺术圈的笑谈。

伊娃的出现吸引了毕加索所有的注意力，她是如此贴心周到。毕加索总是将伊娃和费尔南多做比较。费尔南多美丽、直爽，却懒惰且不思进取。伊娃更聪明乖巧，能将家务处理得头头是道，又对情人温柔至极。这些都是费尔南多无法与之相比的。

如果说费尔南多是一位很好的情人，那么伊娃则是居家型的女人。此时的毕加索快要步入而立之年，早已不是当初那个鲁莽的少年，特别是在经历了卢浮宫盗窃事件之后，他渴望淡出人们的视线，过安定的生活。因此，伊娃着实是一个适合结婚的人选。

这一次费尔南多也算决绝。毕加索让她绝望，她在最后对这段关系也毫不留恋。只是离开了毕加索，没了经济来源，一时又没能找到有钱的情人，她最发愁的自然是钱的问题。最初的阶段她只能靠出售毕加索送给她的一些绘画小样勉强度日。

究竟是谁出轨在先，我们不得而知。但可以肯定的是，费尔南多与奥皮是在 1911 年 10 月认识的。而毕加索在这一年的秋天，就曾画了一幅名为《我的小美人》的作品。这幅画没有明确指出以谁为原型，并且只用了当时一首流行歌曲的歌词“我的小美人”作为标题。当毕加索画这幅画的时候，费尔南多还是他正式的情人。因此，这被视为一种障眼法。就连与毕加索和费尔南多多年交好的格特鲁德都坚信，画中的“美人”一定不是费尔南多。就他们当时的感情而言，毕加索根本不会这样称呼她。不过伊娃的身份隐藏得太深了，以至于多次拜访的格特鲁德都没能发现她的存在。这更激起了格特鲁德的兴趣，他最后出高价买下了这幅画。

费尔南多结束了毕加索带给她的奢华生活。奥皮自然也给不了她想要的。两人过了几个星期就分手了。据说奥皮为了挽留这个比自己年长的情人，用鲜血写下了书信，对方却视而不见。

美丽的女人没有离开巴黎。她试图证明自己离开任何人都饿不死。但在挣扎了一段时间后，费尔南多还是向格特鲁德借钱付房租。

格特鲁德也确实没有辜负多年的交情，帮助了她。之后，费尔南多做过很多不同的职业，如秘书、临时演员、古董店店员、酒吧诗朗诵者、保姆、收银员等。她还尝试经营过夜总会，并且为别人看过一段时间的星盘。最后，她成为演员罗杰·卡尔的情人。此时的她已不再年轻貌美，却也算暂时稳定了下来。

为了躲避朋友的追问和费尔南多的纠缠，1912 年夏天，毕加索带着心爱的情人伊娃来到了亚维农，并在那里度过了一段甜蜜的隐居生活。

再次回到巴黎已是秋天，毕加索拜托朋友在拉斯帕伊大街上找到一处公寓。

毕加索再一次沉浸在他的绘画世界中。这一阶段，他尝试用拼接的方法诠释心中的热情。此时，不得不提到他的一位画家朋友——布拉克。

他们在很早就成为要好的朋友，也是在绘画方面非常聊得来的同行。尤其是从 1911 年开始，在巴黎，他们二人几乎每天都要见面。有时是毕加索去找布拉克，有时则是布拉克来毕加索的画室。他们会聊一聊白天彼此都做了什么，再看看对方的画作，说一说自己的看法和意见。他们每完成一幅画之前，都要在意见上达成大致的统一，才能安心地将画作完成。就是在这种讨论和交流中，他们在艺术上形成了对彼此的依赖。

当然，他们之间也有着激烈的竞争，并且布拉克在很长一段时间都占了上风。他总是能别出心裁，在画作中使用新奇的表现手法。

毕加索，吉他（“我爱伊娃”），1912 年，布面油画和拼贴，41 厘米 X33 厘米（拍照时心形姜饼仍在原处）。坎魏勒拍摄：路易斯·赖瑞斯画廊

他最开始使用椭圆形画布来强调垂直和水平的构图，或者用字母模板来装饰画面时，毕加索还没有想到这些。

之后，毕加索也使用了布拉克的这些实用的技巧，并且在此基础上做了改变和延伸。但他总是将它们用得隐晦又拧巴，生怕别人认出那是布拉克的想法一般。交流得多了，他们两人的画作在细节上会有些相似处，但更多的还是截然不同之处。他们在不知不觉中成为另一个对方。也有人打趣地说布拉克是女性版的毕加索，原因是他的一些画作看上去确实有些女性化。

客观地说，布拉克对毕加索的影响可能超过了毕加索对他的影响。他给了毕加索灵感，给了他创意，还有绘画时那种坚定的信心和勇气。这些都是当时的毕加索急需的，也是从他人身上无法获得的。就这点而言，毕加索要比布拉克更幸运。

毕加索是如此需要布拉克这位朋友，这种需要甚至超过了对费尔南多的那种男女之情。毕加索有时会开玩笑地说，与布拉克相伴才是他生活中最重要的一部分。

特别是在 1911 年的塞雷，三个星期的时间内，两位艺术家创造出了他人无法比拟的、他们自己在后来也无法超越的可喜成果。这不得不归结于他们之间良性的竞争以及珍贵的友谊。

直到 1912 年冬天，布拉克依旧影响着毕加索的创作。布拉克开始使用木纹和大理石纹，这些元素丰富了他的创作。他不喜欢用太多过于绚烂的颜色，反而钟情于低调的中性色。同样，他对传统的上光油厌恶至极，这一点也影响了毕加索。他们都很少使用这种普遍的画法，认为那会令油画看起来庸俗而廉价。

在油画创作的很多细节方面，他们总是能一拍即合，即便画法不同，目标的审美却总是出奇地一致。布拉克有时会在技巧的多样上略胜一筹。不过在素描方面，毕加索可是十拿九稳地赢过他。

布拉克很少创作立体主义素描，他把多数时间和精力花在了油画上面，即便有一些素描作品，也都是为油画做铺垫的。不过他在1912年秋天创作了一幅经典的拼贴作品。他在亚维农时，在街边的商店橱窗里看到了一些花纹很特别的墙纸，便将它们买了下来，并用其中的三种花纹拼接成一幅油布拼贴作品。画上面显示出来的是一个盘子里装着一串葡萄，旁边还放着一只玻璃杯。布拉克用有限的墙纸图案拼接出一幅很生动的静物作品，就犹如一幅立体主义油画一样。这幅画也成为布拉克拼贴作品的一个开端。

不仅对布拉克自己，这幅画也为毕加索打开了另一片大地。毕加索意识到这种“以小见大”的神奇力量。也就是说，一颗葡萄可以代表一整串葡萄，一片树叶可以代表一整片森林。这些代表性元素很多时候比事物的整体更有震撼力，也更可爱。绘画不只是描绘，也可以是拼接。

尽管一直到几十年后，毕加索都不愿承认布拉克在拼贴艺术方面的巨大成就，甚至总是用嘲笑和戏谑的口吻来形容对方的作品，但他内心是认可布拉克的成就，这是不容置疑的，否则他也不会在这幅作品出现之后，毫不犹豫地延续拼贴的方法。

布拉克曾尝试完全用纸板作为拼接的材料。这些或软或硬的纸板被他挑选之后，有一些会加上颜色，再剪裁、折叠，拼接成画。不过布拉克对纸板拼接并不十分在意，很多时候是随手完成的，或许他认为那并不是他真正想要的东西。

不过，毕加索对于纸板拼接却认真了起来。其中一部分灵感来源于大街上的裁缝店或他曾画过的裁缝工人。他从裁缝店和工人那里学习到如何裁剪纸样，并巧妙地将它们拼接在一起，成为一个稳固的立体的图形。

与此同时，伊娃也在这方面给了毕加索灵感。这个女人一向善于处理家务，制作衣服更是她的拿手绝活。当然，她也会教毕加索如何将零碎的材料穿插成型。毕加索在伊娃的指导下，学会了使用裁缝针，以及用缝制和别住的方法固定纸板，而不是先前单一的粘贴。这种方法上的改进更增添了作品的真实性和生动性。

在毕加索的《挂在墙上的小提琴》作品中，他使用了泥土、粉末、砂砾、石膏这些从未在绘画中用到过的材料。毕加索将这些坚硬的、大大小小的东西磨碎或者搅匀，涂抹在画布上，待它们干透，就会像石头一样坚硬并且牢固。这件作品看起来如此立体又鲜活，仿佛那把琴随时会从画布上翻折下来一样。这种新尝试的顺利进行也要归功于毕加索之前曾反复绘画过的无数素描和油画。

虽然只是冰冷的固体材料，却诠释了艺术家内心的丰富情感，还有他在创作那一刻的柔软内心。

这并不是毕加索第一幅拼接画作，之前他曾有过大量的练习，才促成了这一幅佳作面世。这幅作品也在很短的时间内就卖了出去。

不过，并不是所有人都能对新鲜事物予以认可的。在毕加索公开了他的这些新奇作品之后，人们褒贬不一。

有些人认为这是绘画与雕塑的完美结合，是艺术领域的一次伟大的创新。但更多人觉得，这种东西不能称之为艺术，它们如此粗劣，还有些脏，毫无美感可言，人们无法将它们挂在墙上作为艺术品来观赏。还有人说，这种东西任何人都能做出来。

毕加索并不在意那些非议。在他看来，那只是门外汉和嫉妒者们的可笑言辞。

倒是很多真正的艺术家对毕加索的作品很感兴趣。其中一部分人从欧洲各地前来拜访，就是为了一睹这件艺术品的真容，并且想与毕加索交流切磋。毕加索的名字又一次被广为传播。

在 1912 年快要结束时，毕加索再一次搬了家。他厌倦了蒙马特的冬天，即便在同一座城市，任何一处的空气都要比这里新鲜，气温都要比这里舒适。

选择远离的原因之一就是伊娃。她在毕加索身边扮演着“贤妻”的角色，也一直很令大男子主义的毕加索满意。不过除了毕加索，似乎再没有人喜欢伊娃。谁都知道她工于心计，精明又有城府。虽然费尔南多除了美丽的外表，也没有什么拿得出手的优点，但至少她为人大方直爽，待人真切友善，与毕加索的朋友都合得来。

毕加索怎会不知道朋友是如何评价伊娃的。不过他向来喜欢与人作对，更何况身边的美人是如此温柔体贴。他宁愿为了她远离人群、远离是非。

这一次，毕加索选择了拉斯帕伊大街。不过这也只是暂留之地，他们只在这里居住了一年时间。

这是一处两层小楼，不算破旧，紧挨着一座高一点的楼房。从正面进去有一排石头楼梯，窗外围着牢固的栏杆，整体看起来比较干净雅致。二楼的窗户很大，分成很多个小长方块，每天早上阳光照进来，画室里的地板就像被隔成了一个个小格子，看起来十分温馨。

在这里，毕加索结识了一对关系特殊的俄罗斯情侣，男人叫谢尔盖，女人叫海伦。他们的关系一直让人费解。在外人面前他们以兄妹相称，但很多人都认为他们是情侣关系。可是不知从哪里传出来的消息，又说海伦实际上是谢尔盖父亲的情人。他们之间的真实关系引起了人们的种种猜想，并成为私下里讨论的热门话题。

这对“兄妹”一直保持着紧密的关系，主要原因就在于他们都对艺术有着浓厚的兴趣。在毕加索刚刚认识他们时，二人热衷于收藏卢梭的作品，仅这一点就引起了毕加索的好感。毕加索始终崇敬卢梭。他与谢尔盖兄妹一样，是卢梭的忠实推崇者。因此，谢尔盖和海伦也毫无疑问地成为毕加索的知音。

除了收藏，谢尔盖在创作方面也有独到的眼光。他的立体主义作品主要是在玻璃上创作的，这是他的一大特色。毕加索也尝试过制作这种玻璃画。

当谢尔盖兄妹结束了如日中天的状态，他们的经济来源曾一度被切断。当谢尔盖的工作无法满足他们入不敷出的生活时，兄妹二人竟然伪造了一些卢梭的作品出售，并获得了不小的报酬。这件事自然被知情者视为极其恶劣的行径。

1912 年末，毕加索带着伊娃回到了巴塞罗那。

绝望
——接踵而至的死亡讯息

经过了最初的隐瞒阶段，朋友们或道听途说，或亲眼所见，最终都知道了毕加索和伊娃的情侣关系，也逐渐接受了伊娃这个新女主人的身份。尽管朋友们对这个女人的心性持怀疑态度，但却发现她总是能让毕加索放松，一向紧绷的艺术家越来越多地露出笑容，开始有了“烟火气”。他不再是飘在空气中的艺术家，反而更愿意置身于日常生活。因此，反对的声音消失了，他们的关系也日趋稳定。

两人回到巴塞罗那的目的很明确，因为毕加索认为是时候将他中意的情人介绍给他的家人了。这将是他要与其结为夫妻的女人。

当初带着费尔南多见家人的情景还历历在目。毕加索想，那时候的自己是不成熟的，是费尔南多的外表迷惑了自己，那一刻骄傲的情绪也完全源于她的美丽。现在想来，在第二次见到费尔南多时，家人对她的排斥是有原因的，谁都看得出她不是一个合格的家庭主妇。

在巴塞罗那，毕加索和伊娃见到了他的父母。不过老人们并没有明确表态是否喜欢这个未来的儿媳。父亲的身体状况令人堪忧，眼睛几乎失明了。想到他也曾是一位热爱绘画的艺术家，毕加索心中难过极了。这大概是他一生中第一次为了父亲而产生如此强烈的情绪。

这一次会面应该算是顺利的，因为在1913年初毕加索带着伊娃回到巴黎后，他们就开始筹划婚礼了。

伊娃的体贴的确给了毕加索舒适又安定的生活，随之而来的是艺术生涯的顺风顺水。不得不说，画商坎魏勒决定了毕加索大部分的经济来源，为毕加索提供了足够的钱用来筹备婚礼。

3月，坏消息传来，父亲病重，毕加索一直担心的事情还是发生了。他停止了手中所有的工作，带着伊娃立刻赶回巴塞罗那。

尽管在艺术领域，毕加索早已是见过大风大浪的大师级人物。可是在处理生活中的事上，他就像一个未成年的孩子，毫无抗压能力。父亲病情的恶化令他思绪难平。虽然老人暂时脱离了危险，他们回到巴黎，恢复了正常生活，但毕加索心中的担忧始终挥之不去。他无法将这件事暂时放下，平复心情。这样的情绪困扰着他，也影响了他的创作。一直持续到这一年的5月，父亲怕是撑不住了。

在听到这个噩耗时，伊娃的第一个想法就是：婚礼恐怕要推迟了。聪明如她，怎会不了解每日一起生活的这个人。毕加索表面上新潮反叛，实际上迷信不堪。如果他的父亲能再撑两个月，没准就能看着他们完成婚礼。如若不能，毕加索绝不会在父亲死后没多久、整个家族都被悲伤的气氛笼罩之时完成他的婚礼。

伊娃没有陪伴毕加索回到巴塞罗那。她的身份有些尴尬，她也不想作为一个外人看到那种场面。

毕加索赶回了家，一路上浑浑噩噩，水米未进。他不愿想象与又爱又憎的父亲分别是怎样的场面，只有回忆能缓解他的悲痛。他要想起什么才能勾起对父亲的爱？父亲对母亲的辱骂，和对自己的冷漠。还有当他拿起画笔挑战父亲时，父亲那双鬓的白发和下垂的肩膀。

父亲早已老去，可是老去和死亡之间，又隔着什么呢？

毕加索来到垂危的父亲床前。父亲瘦弱不堪、脸色苍白地平躺着，眼睛半睁着，眼神浑浊而空洞。当他看到自己的儿子风尘仆仆地赶回来，用怜悯的眼神看着自己时，他挣扎着想要做出某种表情，却连皱一下眉的力气都没有。他的眼中似乎闪着一点点光，在看到毕加索之后渐渐暗淡了下去。他大概一直在等毕加索回来，等他来看看自己这个偏执的老头弥留的时光。

毕加索不知此刻该说些什么，他有点自私地想，快一点结束吧，随后又对自己的想法感到内疚。

在毕加索的沉默中，父亲咽下了最后一口气。自始至终，毕加索都一言不发，没有表情，没有动作，没有任何悲痛的表现。葬礼举行的那天，他在众人的疑惑中完成了仪式。所有人都对他的冷漠产生了质疑。这其中到底有怎样的缘由，才能让一个男人对自己父亲的死无动于衷？

然而，这才是毕加索——永远不会坦露真情，永远表现出漠不关心和毫不在意。

即便是在父亲的葬礼上，他也不愿让人看到自己痛哭流涕的样子。但他受到的打击实际上远远不是眼泪所能宣泄出来的。他也不屑于在亲友面前假装孝子。很多人都活在别人的眼中和口中，而他不是。

毕加索常说，他最大的遗憾是没能遗传父亲的外表。父亲年轻时英俊挺拔，又很懂得俘获少女的芳心。不过，他最后很明智地选择了善良的玛利亚做妻子。玛利亚虽平庸些，却能在性格上弥补和包容何塞的偏执。因此，他们的婚姻才维持了这么多年。毕加索想到了伊娃，可能在选择妻子这方面，他与父亲的眼光有了唯一的一次不谋而合。

父亲的死就像一个噩梦的开端，毕加索从五月开始接连收到噩耗，令他一次次地坠入谷底。

先是陪伴他多年的宠物狗弗利卡得了重病。毕加索很喜欢小动物，曾对费尔南多和伊娃说过同样的话：宠物不会吵闹，不会背叛，不会从我身上谋取利益，更不会在我身后向我开枪。

他对弗利卡就像对亲人一样依赖。与人相比，他和动物相处时更轻松自在。弗利卡是一只善解人意的狗，特别是对毕加索，总是能与其心意相通似的，轻易懂得主人的指令。这只狗很少惹祸，从来不会弄坏毕加索的工具和作品，也不像别的狗那样，整天狂吠。费尔南多和伊娃最初都不喜欢狗，但是她们都很疼爱弗利卡。后来费尔南多听到弗利卡的死讯，着实难过了好一阵。

伊娃与弗利卡相处的时间不多。她在写给格特鲁德的信中告诉对方，弗利卡的时间不多了。虽然她与毕加索花了不少钱，请了附近最好的宠物医生，企图挽回弗利卡的生命，但为时已晚。弗利卡就像病入膏肓的老人一样，无法进食，无力且绝望。伊娃想将它抱到毛毯上，这样可以保持它的体温。可是它就像知道自己将死了一样，总是用尽最后一丝力气将身体挪到桌子下面，把自己藏在人们视线看不到的地方。这一做法更加深了毕加索的悲痛。

在确定弗利卡无药可医之后，毕加索找来当地的一名狩猎监督官，请求他向痛苦的弗利卡头上开一枪。对方这样做了，但在枪声响起后，便传来毕加索无法抑制的哀嚎声。

这或许是极大的讽刺。就在不久前，毕加索还因没有在父亲的葬礼上失声痛哭而遭到非议。如今他却因为弗利卡，竟然难过到如此失态。难道父亲在他心中的位置竟不如一只宠物狗?

事实是，弗利卡是在毕加索最难熬的时候不离不弃陪伴在他身边的亲人，或者说更胜过亲人。因为那段时期的确没有其他的亲人能给予这位艺术家无条件的陪伴。在与弗利卡相伴的时候，毕加索将自己也当作一个有着原始本能的动物，对生活只有最低要求。就像他后来说的，要有很多钱，但是要像乞丐一样去生活。他在弗利卡身上看到了卑微至极的自己。

可是对于父亲，毕加索心中始终抱有复杂的情绪。谁都知道，人终有一死。在得知父亲病重的那一天，他就做好了准备。他害怕听到噩耗，却又无力阻止。他甚至觉得，只有父亲的死，能彻底终结他们父子多年来的龃龉关系。

对于毕加索父亲的死，伊娃无法感同身受，她始终是个外人。不过，她确实因弗利卡的离去而与毕加索有着相同的悲伤情绪。她劝毕加索收拾心情，重新投入到工作中。因为她知道，只有艺术才能转移毕加索的注意力，让他重拾生活的动力。

令人始料未及的是，带给毕加索最深重痛苦的，却是伊娃自己。

也是在这一年的 5 月，这个毕加索深爱着的女人被查出患有癌症，并且在几年后去世了。

在伊娃 5 月 14 日写给格特鲁德的信中，她并没有详细描述自己的病情。人们猜测此时她还不知道自己确切的病因。她告诉格特鲁德自己得了支气管炎一类的病，发烧，看起来有些严重。不过在 1914 年的春天，她就不得不接受手术，这表明她的病情发展得很迅速。只是不知什么原因，她始终对外界隐瞒着自己真实的病情，没有人知道她到底死于什么病。最普遍的一种说法是，她死于肺癌。但这也只是猜测。

人们最关注的问题在于，毕加索完全不像当初对待费尔南多那样对待病重的伊娃。对于费尔南多，毕加索始终是嫌弃多于担忧，并且将病中的情人视为拖累和麻烦，特别是在医疗费用方面相当吝啬。费尔南多也是在那一场病过后，对毕加索彻底死了心。

可是对伊娃不同，毕加索是如此爱她。当得知伊娃得了癌症以后，毕加索宁愿舍去所有来挽救情人的生命。他的同情心和耐心全部被激发出来。虽然他没有按照预先的计划娶伊娃回家，而是因为伊娃的病暂停了这个打算，但他从未想过要离开这个可怜的情人。

在这一时期的作品中，人们明显感受到毕加索内心的波动。接二连三与死亡相交，他在画作中刻意使用了明亮的颜色，可是看起来是那么敏感。艺术也无法让他暂时忘却生活中的无奈。

在陪伴伊娃与病魔做斗争的同时，毕加索的绘画事业又拓展了一部分——从法国巴黎逐渐向其他国家延伸，尤其是德国，在慕尼黑的展览为他赚得了许多画商的目光。他们来自美国、英国等，用自由的眼光审视着毕加索绝无仅有的作品。

在 1914 年夏天，毕加索带着尚能正常生活的伊娃来到亚维农，这里有他的朋友们。毕加索体贴地为伊娃找到一个佣人，来照顾两人的起居。不过，伊娃与这个佣人竟然在短时间内相处得非常融洽，情如姐妹。因此，她无法像对待佣人一样命令对方干活，只好包揽了大部分的家务，包括一日三餐。

此时的伊娃看起来状态不错。有知道些许消息的人，企图打听伊娃的病情。不过，她与毕加索对此一直讳莫如深。毕加索并不在意别人如何看待伊娃生病的问题，他也不会因别人的看法而改变对情人的态度。伊娃却无论如何都要求毕加索帮助她隐瞒病情。

伊娃讨厌别人向自己投射怜悯的眼神。她想要结婚的心情超越了毕加索。突如其来的病症令她手足无措，她最想要保住的就是“毕加索的情人”的位置，而且最好能在痊愈之后，顺理成章地成为“毕加索的妻子”。

因此，我们可以理解伊娃为何要代替女佣完成家务。她多么害

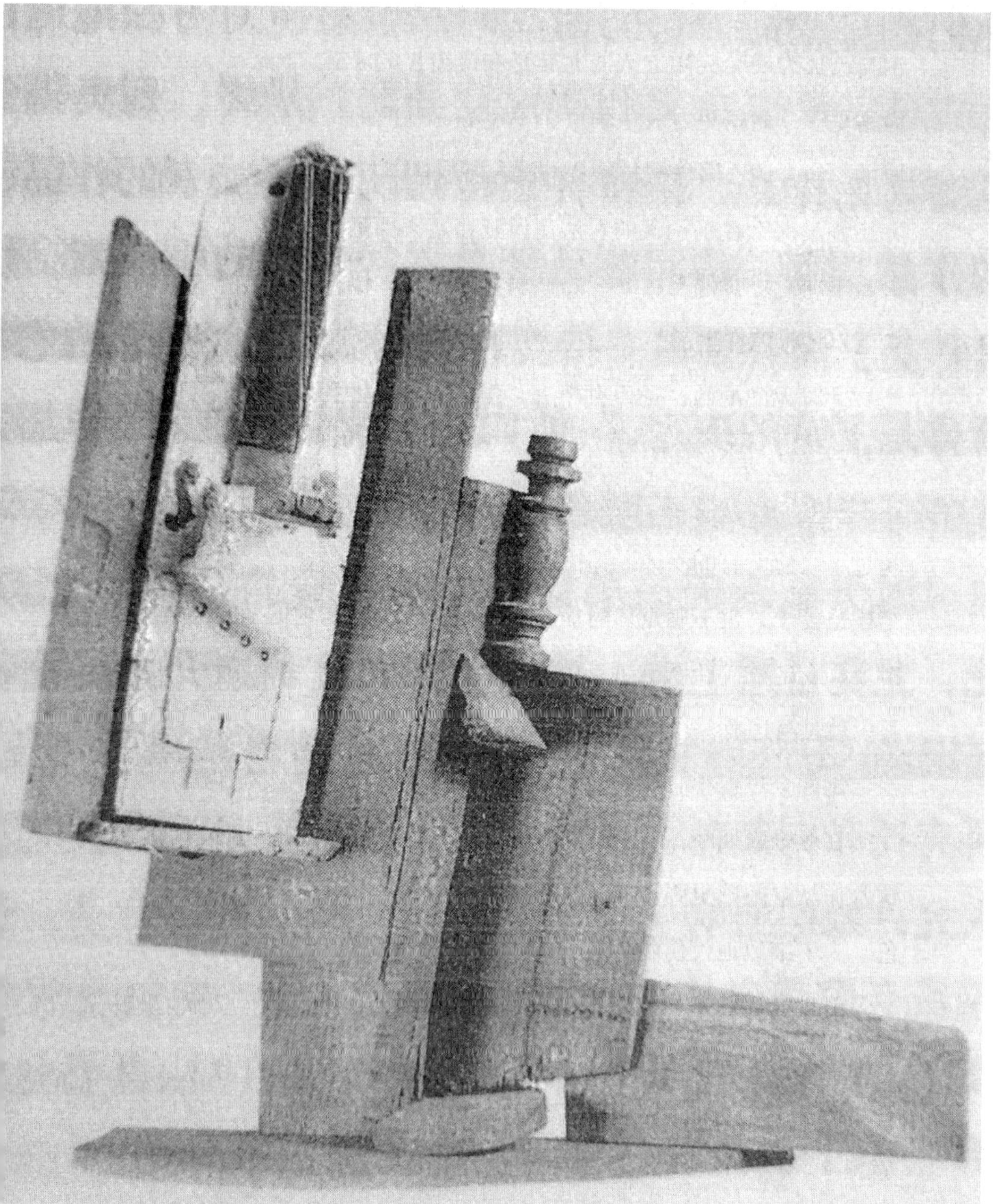

毕加索《桌上的小提琴和瓶子》，1915 年。木头、琴弦、钉子、油彩和炭笔，高度：45 厘米，毕加索博物馆

怕自己成为一个无用之人。尤其是在最擅长的家务方面，她总想要做得更多、做得更好，生怕一个不小心，她的地位就被另外一个健康的、年轻的、同样擅长家务的女人所取代了。

她没那么在乎别人的看法，但她在意毕加索的想法。如果某一天，毕加索坦言他无法继续照顾病重的自己，伊娃恐怕会恐惧到不知下一秒要怎样生活。

此时无助的她，是否也想过，费尔南多因她的挑拨而离开毕加索时，是否同样不知所措。

伊娃同样摆脱不了费尔南多的阴影，尽管毕加索对她的爱远远超过了之前所有的女人。但因她的病，她无法成为毕加索期望的那个模范妻子，也不确定何时能与其结婚。毕加索与他的朋友们一直对亚维农的妓院跃跃欲试。伊娃看在眼里，却无能为力。唯一的慰藉，就是身边有一个可以说说话的女佣而已。

她如今过得小心翼翼，又与当初的费尔南多有多大区别呢?

在亚维农期间，毕加索对于静物绘画的处理有了进一步的创新。这些作品空间感更强，并且大量地出现红色、绿色等对比鲜明的颜色。为了细致地模仿物体的阴影，毕加索会不厌其烦地将围巾、手套等剪成合适的形状，贴在画布上观察阴影的位置。除了这些，但凡家里能用到的材料都被他剪碎，成为画作的一部分。毕加索的创新与改革，和当时同在亚维农的布拉克等艺术家的交流是息息相关的。

生活在继续，关于艺术的讨论也从未停止。画布上的颜料涂抹上，又干了。看似平静的天空，实则很快就要乌云压境了。

1914年秋天，第一次世界大战爆发了。

战争，枪支，死亡，当这些词一步步逼近时，毕加索再也不能坐视不理了。他原本就是彻彻底底的无政府主义者。他不关心政治，将所有的暴力元素都看作鲁莽和愚蠢。这位艺术家不想被卷入任何政治斗争中，也不会轻易与谁站队。可是战争迫近的事实无法改变，他努力营造的“艺术安全区”恐怕很快就要被摧毁了。

毕加索《吉他手》，1913年。构造（已毁），毕加索拍摄

很多人劝毕加索回到西班牙，那里至少暂时是安全的。毕加索考虑再三，还是没有离开巴黎。

一方面，他不愿放弃法国人的身份。虽然这里并不完全属于他，他还只是一个“外国人”。但是，西班牙的艺术氛围与法国相距甚远，他不想回去做个丢掉灵魂的艺术家。

伊娃也不想离开她的家乡。为难之时，毕加索也会花很多心思在这个情人身上。她身患重病，毕加索必须带着她赶快返回巴黎，以便随时进行治疗。

回到巴黎，毕加索真真正正地体会到了战争来临的恐怖气氛。整个城市如临大敌，人心惶惶。人们不知该何去何从，却又都紧张地忙碌着。毕加索最担心的是他存在银行里的钱。战争会摧毁很多东西，只有攥在自己手里的才是真正属于自己的。

因此，毕加索在第一时间取回了银行里所有的钱。也有人说，他将攒下的金条放在自家的床底下，以便随时逃命。

本就对政治无感的毕加索，唯一的目的就是安全。作为一个外国人，他的身份在如此紧张的氛围下一定是敏感的，加上之前的卢浮宫被盗事件，毕加索对政府乃至其工作人员都怀着恐惧的心理。

不仅是毕加索，在巴黎这个城市生活的所有外国人都不好过。他们被频繁地检查身份证，还要集体到市政厅去坦露秘密，揭发隐私。这些人在高压之下惶惶不可终日，有些人竟因一些莫须有的罪名而遭到驱逐。

毕加索与伊娃本来打算继续在巴黎相依为命，他们哪儿都不去，也什么都做不了，但最后还是妥协，收拾了部分家当，回到了亚维农。

身边的朋友，有的躲到乡下，有的参了军，所有人的生活都因这场还未完全爆发的战争而乱作一团。原本进行着的，或快要结束的事情，都在这一刻戛然而止。无论是将军、士兵还是贫民百姓，无论他们是否愿意，都不得不面对或平安或凶险的明天。

画商坎魏勒借着动乱的时机，着实买了不少年轻画家的画。他在这期间的收入堪比之前的很大一部分。阿波利奈尔原本积极申请参军，却因犯罪前科而被延后了申请。朋友们都劝他去西班牙或者瑞士躲避战乱，但他不死心。后来他在装甲部队当了志愿兵。他很适应高强度训练的生活，这是他从未尝试过的令他热血沸腾的生活方式。布拉克参军后，在军队中表现出非凡的才能。这大概是这位艺术家自己都没有想到的。他受到同时期入伍的士兵们的拥戴，很快成为少尉。格特鲁德与家人跑到了伦敦，在那里躲避战争。她与毕加索仍保持着书信往来。毕加索在信中告诉她，巴黎在 8 月 30 日遭到了第一次空袭，一想到自己那么多的心血还在巴黎的画室里承受着炮火的袭击，毕加索心急如焚。

如果说毕加索对于财产的担忧仍不足以成为回到巴黎的借口，那么在 10 月，伊娃病情的加重则令他不得不做出这个决定。

在巴黎，卢梭博士一直负责伊娃的病情，并且在年初的时候为她做过手术。不过还不到一年的时间，癌症又一次复发。亚维农的医生也曾为伊娃诊治过，但几乎没有效果。毕竟这种疾病在短时间内是没办法彻底根除的。毕加索因此有些慌张。以他的承受力，暂时还无法接受伊娃就这样离他而去。此时刚好格特鲁德也回到了巴黎，毕加索便拜托她找到卢梭博士，尽快为伊娃治疗。

在为伊娃求医问药的同时，毕加索也在处理一件非常棘手并且令他极为头疼的事。这事要从画商坎魏勒的麻烦说起。

按规定，坎魏勒没有理由不去参军，但是他逃避了这项义务，他是和平主义的拥护者。之后他逃到了中立国瑞士，在朋友的资助下勉强度日。正因他拒绝入伍，他的收藏被当局扣押，放在已经被查封了的画廊里。

这不仅是对他个人的禁锢，更是对那些艺术品作者们的精神亵渎。可是这些艺术家大多参了军，上了战场，无暇顾及他们的心血被谁并且被如何处理掉了。

而毕加索对此却无法容忍。没有人有资格夺走他的立体主义作品。

毕加索找到了他认为最合适的律师来处理这件事。安德烈·勒韦尔除了律师该有的机智和能力外，还保持着别人没有的对艺术的热爱。他也的确在之后的过程中尽全力帮助毕加索讨回公道，但却没有成功。毕加索的作品依然处于被扣押的状态。

毕加索因此极为恼怒，其程度远远超出了坎魏勒的预期。毕加索甚至扬言要坎魏勒破产，即便那并不能有助于挽回自己的损失。其他遭受同样损失的艺术家并无一人像毕加索这般咬着这件事不放。就如他们所说，他们都在前线，所有的精力都用于保命，谁还会去考虑暂时的物质损失？

没有人在这件事上支持毕加索，这更加深了毕加索对坎魏勒的怨恨。在毕加索的控告下，坎魏勒不得不面对这突如其来的诉讼。他的律师曾提出和解的办法来解决此事，但是毕加索的愤怒情绪从未消减，根本不考虑这个建议。令他愤慨的是，自己的那些心血就被无情地放置着，并且很可能将来会被某个不怀好意的贪婪之人据为己有，或者更糟，直接在炮火的攻击下烧成灰烬。每次想到这些，毕加索就像火上浇了油一般，坐立不安。

在一些人为坎魏勒鸣不平，对其对如今局面的无能为力报以理解的态度时，毕加索便会咬牙切齿地问：为何他一点预见性都没有？为何不能将这些作品提前转移到瑞士这样的安全国家去？更何况，坎魏勒手中的那些作品中，还有一些并没有给作者付款。毕加索想到这一点更是暴跳如雷，恨不得直接抠住坎魏勒的喉咙质问他。

在与坎魏勒闹翻之后，毕加索开始寻找新的画商。此时的他已经有足够的能力来吸引其他画商为他服务，例如莱昂斯·罗森博格和保罗·纪尧姆。他们都在这一时期收藏了毕加索的作品，并企图与他成为唯一的、长期的合作者。

戈比
——尽管炙热地表达爱情

1915年1月，伊娃做了第二次手术。手术之前，她与毕加索的心情都极为沉重。如果这一次手术之后癌症依旧复发，就证明手术对她的病情起不到控制作用，她只能等死了。

毕加索尽量抽出时间在伊娃手术前陪伴她，因为她的焦虑和无助让人心疼。毕加索也会想起费尔南多生病时的情景。他疑惑，自己对伊娃的格外关心是否是特例？还只是因为他们相处的时间短，他还没有产生像厌倦费尔南多那样的情绪？或者，他从一开始就知道伊娃得的是癌症，同情迅速占据了他的内心，致使其他想法都在那一刻烟消云散了？

伊娃在手术后住进了私人疗养院。谁也不能预知这一次的手术是成功还是失败。他们需要煎熬一段时间，或者说要一直煎熬着。他们要随时等待癌症的造访，整日提心吊胆地生活。

伊娃对此很内疚。她自知给不了毕加索想要的生活，却又做不到就这样离开这个男人。她太需要他，需要他感情上的抚慰和经济上的帮助。那种恨不得一夜之间好起来的心情并不是她唯一要承受的。她担心毕加索去找其他的情人，却也十分确定他一定会去找的。

担心又确定，这是多么悲哀复杂的心情。

此时的毕加索同样心力交瘁。每天的创作耽误不得，他还要花大把的时间去与负责伊娃病情的医生沟通，还要抽时间去探望生病的情人。

就在这时，一个叫戈比·德佩尔的女人走进了毕加索的生活。两人很快陷入了爱河。毕加索隐秘地为她创作了很多作品。当然，这些画作都没有留下明显的痕迹，避开了伊娃敏感的视线。

在几幅留下来的肖像素描和水彩画中，我们能看到毕加索在上面留下了大段的题名。他除了用他向来擅长的绘画技巧讨好戈比外，更前所未有地在这些题名里表达了对情人的爱意。这些文字像情诗一般，浪漫、飘逸，有着任何女人都无法抗拒的吸引力。

对于当时的毕加索来说，伊娃的病情是一种不能言说也无法逃离的桎梏。倒是不怕留下骂名或被形容成无情无义之人，他对伊娃的感情并没有因为癌症的到来而减少。只是他不能忍受这样的生活。

格特鲁德知道伊娃的身体状况已经陷入如此境地以后，对她颇为照顾。她知道毕加索心中的烦闷，因此即便冒着空袭的危险，她也时常邀请这对情侣共同用餐，聊天。到 1915 年冬天，伊娃已经明显抗不住癌症的折磨了。她大概对自己病情痊愈慢慢放弃了希望，只是机械性地往返于医院和家中。

毕加索从未表现出放弃的态度。虽然医生们对他的提醒早已让他产生了这个念头，但他仍然在伊娃最后一次入院之后，每天不厌其烦地乘地铁跑到医院去，坐在伊娃的床边陪着她。他们总是静静地对望，像在等待死亡来临一般。毕加索对于死亡的态度从未改变过，那就是恐惧。在他写给格特鲁德的信中，讲述了内心的真实感受：

在你离开后如果我从来没有写信给你请不要惊讶。但是我的生活就像地狱一样——伊娃仍然病着，健康每况愈下，现在她已经在疗养院住了一个月了……我生活得太痛苦了，我都没有办法工作了。我每天都要来回疗养院，有一半时间都花在坐地铁上。我实在没有心情给你写信。

毕加索陷入地狱般的心情并没有持续多长时间。1915 年 12 月 14 日，伊娃在没有任何痛苦的情况下离开了人世。她没有等待奇迹，不过也没有遗憾。她的离去，对于她和毕加索来说都是一种解脱。当初她想尽办法取代了费尔南多的位置，却没有足够的运气来承受这个位置。

在伊娃离开之后，毕加索的全部注意力都转向了戈比。他甚至认为，在伊娃死后，戈比可以并且会愿意充当伊娃的角色。他以为，戈比会像伊娃那样，急切地想要嫁给自己。然而，戈比用坚决的拒绝打破了他的想象。毕加索因此受到了不小的打击。

很多人说，人生的出场顺序很重要。这条定律对毕加索也同样

戈比·德佩尔，1915×1916年，毕加索档案

适用。美丽的费尔南多如果出现在了对的时候，她的慵懒在毕加索眼中也可能是可爱的。只不过她陪伴毕加索走过的那段路，过于颠簸崎岖，以至两人不能相伴到最后。

伊娃出现在了恰当的时候，又具备毕加索期望中贤妻的模样。可是薄命的她无福消受这些。机关算尽，最后空手而去。

戈比并非对毕加索毫无感情，只是从一开始就没有过多打算。最后她还是嫁给了那位美国画家。

在戈比离开之后，艾琳·拉古特出现之前，毕加索也曾与一两个模特交往过。之后，艾琳·拉古特成为毕加索下一个阶段的生活重心。众所周知，毕加索认识她的时候，她还是谢尔盖的情妇。

毕加索《回来吧，我的爱……》，1916 年。纸本水彩，17.5 厘米 X13 厘米，毕加索博物馆

阿波利奈尔永远是毕加索最好的帮手，他曾多次帮助毕加索向艾琳表达爱意。在一些她与友人的信件中我们看到，她与毕加索在 1916 年春天就开始了情人关系，并一直保持到 1917 年春天。

在得知艾琳真的投入毕加索的怀抱后，谢尔盖却痛苦起来。他的矛盾在于：对毕加索的崇拜让他不得不收起愤怒的情绪，可他又无法忍受艾琳给自己带来的羞辱。他曾因此尝试自杀，之后在阿波利奈尔的劝阻下放弃了这个念头。

艾琳一方面推说自己与此事无关，都是毕加索在纠缠着自己，另一方面又炫耀着毕加索向自己求婚遭到拒绝，甚至公开归还了毕加索为她所画的肖像画。艾琳用她二十几岁少女的小聪明将事实粉饰一番之后叙述给周围的人。

不过，谢尔盖只是艾琳离开毕加索的一个借口而已。她在不久之后就离开了谢尔盖，辗转于几个情人之间，经历了几段长长短短的恋情。最后嫁给了一个不苟言笑的外科医生。

这段婚姻好像将艾琳的灵魂禁锢了一般。就像当初打开毕加索设下的百叶窗一样，艾琳又一次巧妙地逃脱了。她结束了这段“鸡肋”般的婚姻，找了一位情人，奔向自由去了。

毕加索与艾琳分手之后，两人继续做着朋友。也有证据显示，他们在 1923 年前后曾死灰复燃过。

艾琳的狠心离去留给毕加索的只有挫败感。不过 1917 年对他来说也是个不错的年份。因为在这一年，他的第一任妻子奥尔加出现了。

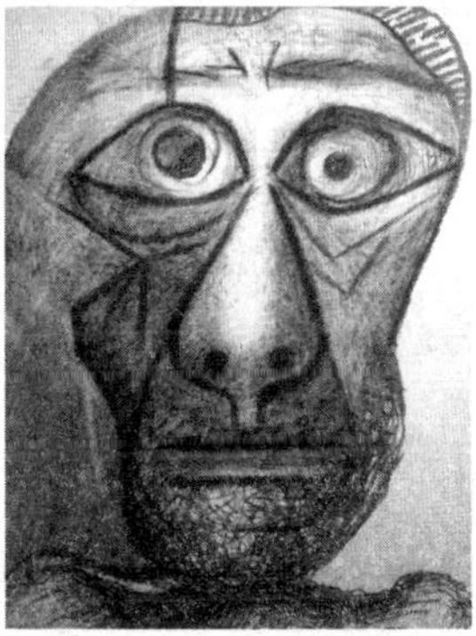

第六章 / 最后的落幕

——面对死亡的自画像

婚礼

——古典魅力的女人与绘画

她叫奥尔加·桑德拉柯克洛娃，出生在一个俄国贵族家庭，浑身散发着古典的魅力。这是一个从始至终都知道自己想要什么的女孩。小时候，她不顾家人的反对，毅然放弃了学业，投身到芭蕾舞事业中，成为一名敬业的舞者。她有着姣好的身材和美丽的脸庞，是任何男人看到都会被其吸引的女人。

1917 年 5 月 18 日，奥尔加受邀到罗马出演芭蕾舞剧，恰巧毕加索在这场芭蕾舞剧中担任服装和布景设计的工作。他们就这样相遇了。

奥尔加才是在对的时间出现的那个幸运的女人。她做到了之前几个女人都渴望做到的事——成为毕加索真正意义上的妻子。

两人结识之后，感情迅速升温。奥尔加放弃了她的工作，跟随毕加索回到了法国。毕加索仍没有改掉他的老毛病，用占有欲控制着自己的女人。他的热烈，他的霸道，通过每日的亲密相处淋漓尽致地表现了出来。爱昏了头的奥尔加却全然不顾这些，她同样被爱情打回到幼时的状态中。她忘了理智，而是带着嫉妒心去接近毕加索。两个人在这种近乎癫狂的状态下越走越近。

毕加索带着奥尔加去见了母亲玛利亚。他想着，这是最后一个了吧，就认准她了。母亲应该不会反对他们的婚事。奥尔加性格单纯，出身不错，曾经也有着正当的职业。没想到玛利亚却因奥尔加是外国人而表示担忧。毕加索为了说服母亲，以奥尔加为原型，画了一幅《戴着头纱的奥尔加》。在画中，毕加索将未婚妻描绘成一个西班牙女孩。他将这幅画送予母亲，希望母亲能接受奥尔加，并祝福他们。

他的方法奏效了。不过在临走时，玛利亚告诫奥尔加："我的儿子生来就只会为自己，而从不会为别人，没有女人和他在一起会得到幸福的。"这是一句警告，也是一个女人对即将走入婚姻的女孩的劝诫。可是，被爱情冲昏头的奥尔加哪里听得进去这些呢，她只觉得这不过

自拍像，毕加索拍摄于他的工作室，1915—1916 年，毕加索档案

是一个感情失败的女人对情敌示威罢了。

毕加索的朋友们同样不看好他们的婚姻。他们对奥尔加没有喜欢也没有厌恶，只是凭直觉认为，他们的婚姻不会长久。不过在1918年7月12日，毕加索与奥尔加还是义无反顾地完成了他们的婚礼仪式。

婚礼在俄罗斯东正教大教堂举行，阿波利奈尔、雅各布等参加了婚礼。之后，两位新人在位于法国南部比亚丽兹的米莫索拉耶别墅度过了甜蜜的蜜月时光。在初入婚姻之时，毕加索充满了虔诚之心。他想与奥尔加共度一生，并且毫无保留地将自己展现在对方面前。最明显的体现是，他与奥尔加签署了婚姻契约：所有夫妻双方的财产是共同的，包括所有的画。

这句话正是毕加索倾尽一切的有力证明。画是他的生命。现在，他将自己的生命放在奥尔加手里，这恐怕是他一生中做过的最令人感动的事了。

奥尔加改变了毕加索的生活。她的出身不允许她过着与费尔南多或伊娃同样的贫苦生活。她买昂贵的服装，去巴黎最高级的餐厅用餐，参加各种社会名流举办的派对和舞会。这些事情占满了她的生活。受她的影响，毕加索也开始花时间真正留意巴黎上流社会的生活。他为自己定制了高档礼服，配了一只金表，走在奥尔加旁边，与她共同参加社交活动。

也是在认识奥尔加之后，毕加索的创作进入了新古典主义阶段。这种绘画风格从1917年持续到1924年。

在这一时期，艺术家创作了大量以妻子奥尔加为主题的肖像画。一场婚姻带给毕加索翻天覆地的变化。不过，毕加索对新鲜事物的热衷度从来都不会持续太长时间。

婚姻生活绝对不适合毕加索。上流社会应接不暇的活动并没有冲淡婚姻生活的枯燥乏味，毕加索开始厌倦这种完全格式化的生活。由此，他对奥尔加的感情也受到了影响。他并非不再爱奥尔加，而是更向往自由的生活。

奥尔加聪明过人，自然读得懂每晚睡在旁边的艺术家心里的想法。毕加索早已经将投注在她身上的注意力转回到自己的艺术世界，并且开始试图挣脱婚姻的桎梏。可是，她想拯救他们的婚姻，挽回逐渐消失的感情。

1921 年，40 岁的毕加索做了父亲。他与奥尔加的儿子保罗出生了。这是奥尔加为挽救婚姻所拿出的最后一招。她企图用新生命的诞生来稳固这个家庭，留住毕加索的心。

初为人父的喜悦占据了毕加索所有的情绪。他兴奋地拿起画笔，绘制了一系列以母亲和孩子为主题的画作。在创作手法上，他延续了古典主义的路线，但绘画风格明显宁静了下来。他放弃了之前的粗犷画法，改为更精致的文艺复兴时期的秀美格调。在他的画笔下，男人和女人们不再那么诡异怪诞，而是显现出他们应有的美感。

1927 年，急于逃离婚姻生活的毕加索邂逅了 17 岁的美丽少女玛丽·泰雷兹·沃尔特。当毕加索第一次看见她从地铁站走出来，便情不自禁地走上前去，握住她的手说：“你长得太漂亮了，我很想

《圣拉斐尔的窗前静物》，1919年。纸、铅笔、水粉，30.5厘米X22.5厘米。贝格鲁恩博物馆、柏林国立博物馆

毕加索《在海滩上玩球》，1928 年。布面油画，24 厘米 X34.9 厘米。毕加索博物馆

为你画画，我是毕加索。”那一年，毕加索 46 岁。他们火速地爱上了，并发展成为地下情人的关系。忙于照顾保罗的奥尔加对此一无所知。

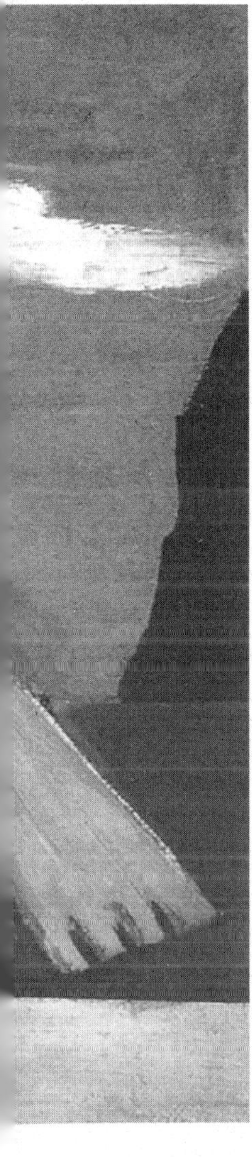

与玛丽在一起的时光是如此绚烂夺目。毕加索仿佛回到了 18 岁的年纪，却享有成年人的事业。这段恋情维持了八年。后来，奥尔加在朋友口中得知了他们二人的关系，并得知此时玛丽已经怀孕。奥尔加怒不可遏，带着保罗离开了毕加索。他们搬到法国的南部，彻底与毕加索分居。同时，奥尔加提出要与毕加索离婚。

由于财产方面的解决方案未能达成共识，离婚的事一拖再拖，毕加索与奥尔加也几乎没有往来。直到 1955 年，奥尔加在经受了长期的病痛折磨之后怅然离世。

在毕加索与奥尔加分居之后不久，作为其情人和模特的还未成年的少女玛丽，就为艺术家生下了可爱的女儿玛雅。

为了秘密地照顾玛丽，毕加索承担了几乎所有的家务。玛丽不是他一生中最爱的人，但他为玛丽做的改变却是最多。女儿的出生点燃了毕加索内心柔情的一面。这个可爱的小人儿如同春日阳光一般照进了毕加索的生活。

在 1925 年左右，毕加索的画作进入超现实主义时期。其实早在 1917 年，超现实主义运动领袖安德烈 · 布勒东就注意到了毕加索的绘画天赋。他说服雅克·杜塞买下了《亚维农少女》并将复制品首次发表在《超现实主义革命》杂志的第四期上。这算是对毕加索来到超现实主义队伍的一次邀请。

毕加索并没有接受布勒东的邀请，但也未直接拒绝。直到1926年，毕加索第一次同意将他的画作在超现实主义的画展上与其他艺术家的作品一同展出。但这并不代表他完全认同这个文艺运动的艺术理念。因此，当时的超现实主义不能完全诠释毕加索的艺术风格。毕加索永远是独立的个体。

《超现实主义》杂志后来陆续刊登了毕加索的如《吉他》等作品，并与毕加索保持着紧密的联系。之后，布勒东还建议毕加索从事诗歌创作，但这些工作在1935年玛丽怀孕之后受到了影响，逐渐搁置了下来。

从1930年开始，费尔南多无法应对拮据的生活状况，先后两次以“要再出版一部回忆录，爆料更多之前相处的细节，给人们作为茶余饭后的谈资”为要挟，从毕加索那里得到了不菲的补偿，之后再也没有再出现过。只有一次是1956年，毕加索在电视上看到了费尔南多接受蒙马特的采访。毕加索形容费尔南多说：“她又老又肥，没有牙齿以至于谈不上出丑，却在电视上做着令人作呕的表演。”

费尔南多于1966年1月29日去世，享年85岁。她一生最大的标签，就是“毕加索的第一个女人”。

信念
——被推向政治的旋涡

1933 年，被毕加索视为一生中最黑暗的一年。与奥尔加分居，情人玛丽怀孕，自己的创作灵感濒临枯竭。也是在这一年，毕加索在一间咖啡馆，通过朋友的介绍认识了美丽的摄影家朵拉·玛尔。她坐在咖啡店里，把玩着一把折叠刀，样子酷极了。从这一刻起，旧情人玛丽与新情人朵拉成为毕加索生活中平行的两条线。

从 1933 年到 1936 年之间，毕加索往返于玛丽和朵拉之间。与家庭主妇玛丽相比朵拉是毕加索在事业上的一位好帮手。毕加索逐渐忽视了玛丽以及她苦心经营的“家”。在毕加索离开玛丽之后，这个已经做了母亲的女孩仍无法忘记他。她三十年如一日地给毕加索写信，倾诉自己对他的爱。可是这并没能唤起毕加索对她的怜惜，也没有对他们的孩子做出任何补偿。玛丽将自己的一生都寄托在这个无情的艺术家身上，直到毕加索去世，她在绝望中亲手结束了自己的生命。

然而，朵拉也不是这场战争的胜利者。

玛丽离开后，朵拉暂时成为毕加索唯一的情人。她没有放弃自己的事业，在毕加索创作期间，她一直在为他拍照记录。毕加索在她眼中就是神一样的存在。她不能离开他，否则无法存活。可是她却忘了，神的光芒会刺伤她。

在朵拉的哭声中，毕加索于1937年完成了《哭泣的女人》。他们的关系就以这种一边倒的状态持续了七年多。

这是在完成《格尔尼卡》之后的第四个月画完的。它的灵感来源于朵拉，也让人联想到《格尔尼卡》中抱着死去孩子的悲惨女人。但与《格尔尼卡》不同的是，这幅画中毕加索除了运用抓人眼球的立体感轮廓和扭曲变形的面容外，更增加了强烈狂暴的色彩，令这幅肖像画更加带有悲剧感。这一主题在后来的创作中也得到了繁衍和升华。

就像他手中那支神奇的画笔，他想要画出哭泣的朵拉，朵拉就根本笑不出来。

从1942年开始，在毕加索所有的情人中最有才华的朵拉开始变得怪异起来，随后她被送入医院治疗。到1943年，毕加索认识了法郎西瓦丝·吉露，才与朵拉正式结束了情侣关系。分手后，朵拉并没有纠缠毕加索，但这个

毕加索《哭泣的女人》，1937年。布面油画，60.8厘米X50厘米，泰特收藏，伦敦

曾经耀眼一时的女艺术家，在与毕加索的感情纠葛当中，早早地丢失了光芒，再也回不到从前犀利的模样了。

朵拉一生为毕加索做的最重要的事情，就是记录了其绘制《格尔尼卡》的全过程。或许毕加索也很怀念，初次见面在咖啡店里把玩着折叠刀的朵拉。可惜，从他们注视到对方的第一眼开始，朵拉就已经输了。

19 世纪 20 年代开始，整个欧洲陷入混乱不堪的局面。毕加索一直尽力逃避战争所带来的负面影响，专心于他的创作。对他来说，与其花心思参与战事，不如用在情人的身上更令自己愉悦。我们在这一期间的作品中找不出任何他对于战争的情绪。

一直以来，毕加索对政局的不闻不问是出了名的，这倒不像他一贯的激进作派。他的朋友形容他是“最没有政治意识的人”。一些画家会在作品中表现仇恨、暴力、革命或者死亡等内容，毕加索却从不会这样做。在毕加索的画室里，你感受不到任何异样。这里就像与世隔绝一般，只有艺术。那些被分解又重新排列的躯体，还有各种扭曲的表情，充斥着这间画室。

就在这时，画家戈雅的作品对毕加索产生了一些启发。

戈雅与毕加索同为西班牙画家。1746 年，戈雅出生于萨拉戈萨附近的一个村子里，是浪漫主义画派的代表。其父亲是一位工匠，母亲出生于没落的贵族家庭。1760 年，戈雅随父母迁居至萨拉戈萨城，并就读于这里的修道士赫阿津的学校。或许是与萨拉戈萨城的民风习俗有关，戈雅从小就倔强要强，从不缺乏批判精神。

1763年，戈雅前往马德里投靠一位同乡的画师。原本想要考入圣费南多皇家美术学院学习，但因经济窘迫，又没能拿到奖学金，只好作罢。之后，他一边坚持绘画，一边参加各类艺术比赛，并获得了不错的成绩。

1773年，戈雅回到马德里结婚并定居。他的妻子是好友画家佛朗西斯科·巴依也乌的姐妹霍塞法。在这里，戈雅受到了巴依也乌的诸多关照。也是在其帮助下，他接受了为皇家圣巴巴拉织造厂绘制花毯图样的任务，并且完成得相当好。在绘制这些图样的过程中，戈雅并不需要严格按照某种规律去画，反而可以尽情地发挥自己的想象。他以取材于民间特色的生活细节为主题，对它们进行艺术加工，形成了十分真挚活泼的艺术图样。

从此，戈雅的艺术事业一路顺风顺水。1779年，他受到了国王查理三世的接见。随后，他创作了作品《基督受难图》。这幅画成为他早期的代表作之一，并令他名声大噪。很多人从这幅画开始真正认识了戈雅。这幅画也为他提供了进入圣费南多皇家美术学院工作的机会。

戈雅不擅长政治权术，性格也不够圆滑，他只懂得艺术创作。可正是凭借着对艺术的执着和一根筋的工作态度，他成为学院的副院长，并荣幸地被国王任命为宫廷画师。

作为宫廷画师，戈雅有很多机会为宫廷成员及贵族绘制画像。其中一幅名为《裸体的玛哈》，是他本人相当满意的一幅作品。作品上绘制了一名身材姣好的女性，双手抚于头上，眼睛妩媚地盯着前方，两条腿微曲，羞涩又迷人。

可是在当时的西班牙，由于宗教法规的规定，是不允许绘画裸体的。这幅画很快被人发现并举报。戈雅得到消息，宫廷的人员第二天就要来检查，恐怕自己就要因这幅艺术品遭殃。

就是在如此紧急的时刻，戈雅连夜绘制了另一幅替代品《着衣的玛哈》。与之前的裸体画相比，人物表情，环境背景，甚至整幅画的意境都没有变化，唯独为这个女孩添加了衣服。

当然，最后这幅替代品帮他躲避了麻烦。不过《裸体的玛哈》并没有因此被埋没。它成为世界艺术史上的重要作品，还被印在了邮票上。戈雅也因这一事件被人们视为传奇人物。

在戈雅46岁时，他的耳朵完全听不见了。他只好辞去了美术院的职务。不过这并没有影响他的艺术创作，反而为他争取了更多的自由时间。

在1808年拿破仑入侵西班牙后，戈雅用他的画笔创作了一系列反映残酷现实的作品。如《1808年5月2日（起义）》和《1808年5月3日（枪杀）》，都是对战争最犀利和直接的批判。

有人说，戈雅是第一个让艺术直视现代战争的残酷的人。人们曾经称颂的人、物、事，全部在他的画笔下成为血与肉的调色盘。他将这个病态的社会展示给人们看，耳提面命地告诉人们：在战争面前，人如蝼蚁。

不得不说，戈雅的艺术精神影响了毕加索。不过与戈雅的愤怒相比，毕加索暂时描绘的只有自由。当然，是艺术自由，而不是政治自由。在他的思想里，艺术始终只是艺术，它们虽源于生活，却必须高于生活。他从来不想将自己的作品与混乱的世界混为一谈。

可惜，他早晚会从梦中醒来，发现自己早已落入战争的中心地带。他一厢情愿的田园生活只能是外面硝烟战火的可笑对照。现实生活会步步紧逼，追上他高尚的艺术。他最终要明白的道理是：自由不属于任何个人，而应该属于这个世界。否则，任何自由都是暂时的、表面的。谁都无法逃脱历史的掌控。

在那些年间，法西斯主义以疯狂的态势迅速崛起。与此同时，毕加索的故乡西班牙，正在经历一场翻天覆地的变化。左派与右派，新派与旧派，不断地交替更迭，传统的观念正在土崩瓦解，人们期待着社会正义与政治自由的黄金时期。可是就西班牙而言，这种期待如同尘埃般渺小卑微。等待他们的，是无休止的狂轰滥炸以及任人宰割的悲惨命运。

毕加索天生喜欢斗牛，这项运动是西班牙人特有的狂欢方式。在毕加索的画作中，我们能看到他将牛头与人身结合成为一种喧闹的怪物，狂暴地吞噬着世间固有的美好。

如果你认为这只是虚幻的物体，毕加索会告诉你：不，它就在我们身边。

在 1936 年 7 月，佛朗哥将军发动了西班牙内战。他带领军队对抗由民主选举产生的社会主义者。乱党将夺权作为战争的最终目的，将死亡作为最直接的手段。更可怕的是，德国方面向佛朗哥将军提供了空中支援，意大利则提供了四万军队来征服西班牙。

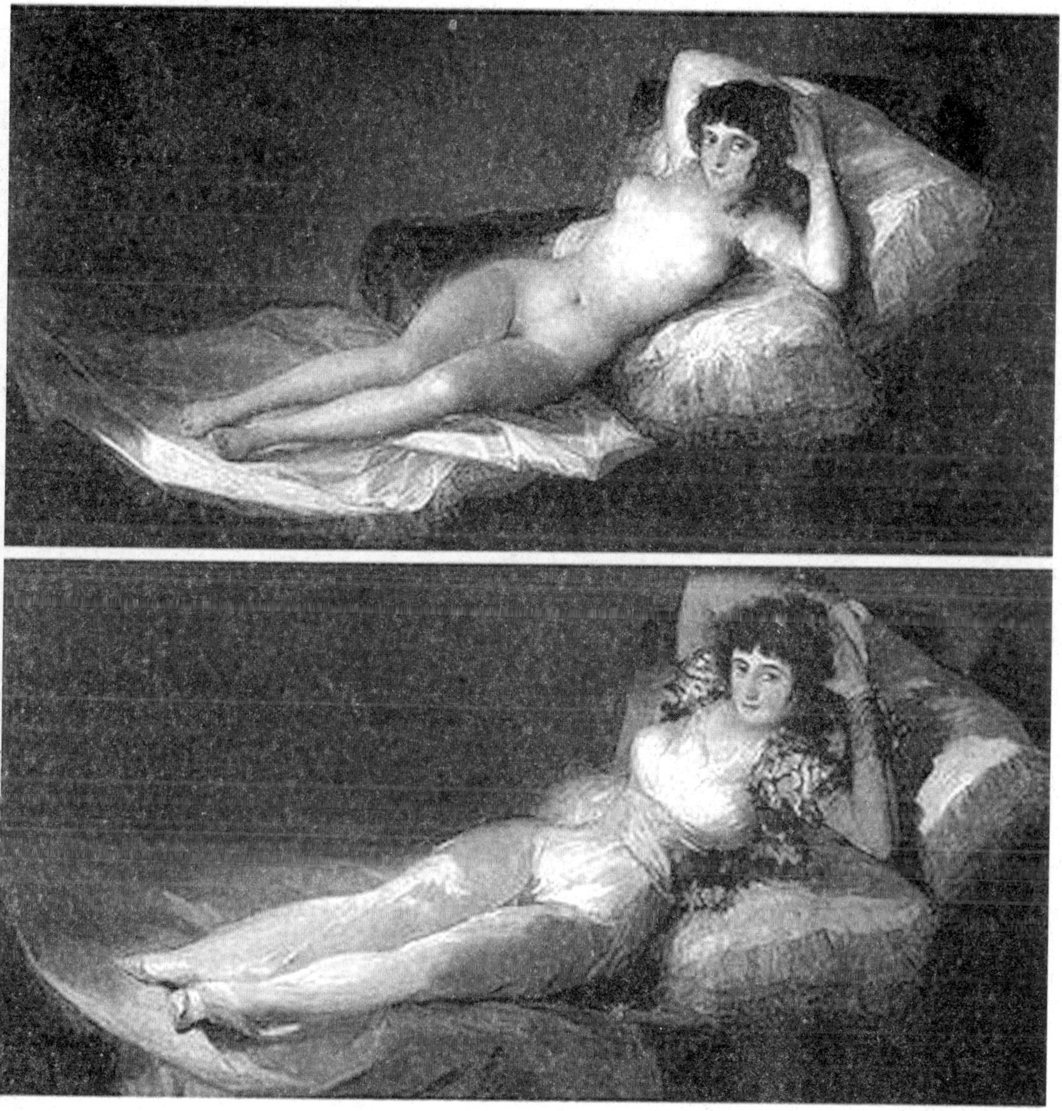

裸体（穿衣服）的玛哈

对意大利法西斯和德国纳粹而言，西班牙的内战正是他们插手西班牙政治并得到利益的最好时机。西班牙也是他们打开世界战争大门的开头好戏。

捍卫民主的士兵们无论如何也想不到，原本西班牙内部的矛盾，为何会迅速引起德国和意大利政府的关注，并且毫无理由地强硬插手。好像西班牙此时成为被众多势力觊觎的一块蛋糕。他们的反抗在这些强大势力面前，像是一个长期营养不良的儿童，如今又要饿着肚子与人舞刀弄枪。

作为西班牙的重要城市，马德里并没有成为敌军轰炸的主要目标，反而逃过了一劫。不过一颗炮弹不巧地落在了普拉多博物馆，也落在了毕加索敏感的神经上。

如果说毕加索对于战争给人们带来的沉痛苦难可以视而不见，普拉多博物馆的惨状却让他再也不能坐视不理。因此，当政府邀请他担任普拉多博物馆的馆长一职时，他毫不犹豫地答应了。这对于他来说，可是前所未有的担当。他通过这一举动向全世界宣布自己支持共和国的坚定信念。

从不涉及政治的人，最终还是被推向了政治。

悲愤
——黑夜中的格尔尼卡

成为普拉多博物馆馆长之后，毕加索做的第一件事就是将馆中珍贵的艺术品转移到安全的地方。他们选择了瓦伦西亚，被毕加索挑中的艺术品借机远离了战火。

这并不是简单的从 A 城到 B 城的运输问题。车上装载的都是西班牙整个国家最最珍贵的宝贝，无论如何也不能有半点闪失。知晓运输时间和地点的人不少，一路上还要冒着被轰炸、被尾随抢劫的风险。这恐怕是毕加索有生以来最担忧的一次行动。多年来除了绘画，他很少为其他事情整夜无法入眠。

1937 年 1 月，一个人进入了毕加索的画室，向他预定了一幅作品，因为在第二年夏天将有一场世界博览会在巴黎举行。这个人就是负责西班牙展场的设计小组成员。他对毕加索说，有一些热心政治的艺术家已经答应为他们的展览提供作品，询问毕加索是否愿意加入。实际上，这是西班牙共和国政府向毕加索发出的委托。

又一次，毕加索用坚定的态度回应了他们。

不过，令毕加索发愁的是，他要用什么样的作品来参加展览？

按照之前的惯例，他应该选择一幅被人们关注的作品送过去。可是这一次，他总想创作一点不一样的东西。

在毕加索还没有想清楚这个“不一样”究竟是什么时，现实生活给了他答案。

1937年4月的一个下午，正当西班牙人为了晚餐而准备食材时，一场毫无预兆的军事轰炸开始了。

西班牙有一个不起眼的小镇，它有一个美丽的名字叫“格尔尼卡”。这里住着性格坚毅的巴斯克人，他们从一开始就明确反对佛朗哥，因此格尔尼卡很可能就是这次军事行动的主要目标。只是他们做这一切的唯一目的就是向全世界宣布，他们有能力摧毁一切，也将会摧毁一切。

前一秒钟，小镇里的人们还在进行着最普通的日常活动。此时，他们看到天空中出现了一个黑点，发出很大的轰鸣声。小镇上的居民们知道，这是一架轰炸机。只是他们不知道，这是一架德国空军神鹰军团的轰炸机。他们如果清楚飞机的来历，就不会像现在这样，站在自家的院子里，抬头看着它，猜想着它究竟是从哪里飞向哪里。这驾轰炸机在小镇上空盘旋着，一圈又一圈，像是在寻找着什么。

正当人们抬起手臂，遮挡着刺眼的阳光时，他们的眼睛里倒映出六颗从天而降的炸弹。无辜的人们还没有反应过来，六颗炸弹转眼间就落在了地面上。“轰”的一声，人们的耳膜被震穿了。他们的脑袋里只有嗡嗡的声音。还不知道发生了什么的人们走出家门，看到远处近处一片飞沙走石，天昏地暗中传来小孩子的哭闹声。这是末日降临吗？以为遭受到惩罚的纯朴百姓并不知道，他们已是这一刻的幸存者。那些被炸弹直接夺走生命的人，连眼睛都来不及眨一下，就血肉横飞了。

然而，这只是这场罪恶行径的开端。冷血的德国空军在毫无反抗能力的小镇上空共投掷了5000颗炸弹。人们争相逃难，却不知该往哪里逃。数不清的炸弹就像雨点一般落在镇子上，砸在手无寸铁的血肉之身上，原本安宁祥和的小镇瞬间变成人间炼狱。

格尔尼卡被德国飞机足足轰炸了三个小时，共投下5000颗炸弹。

5000颗炸弹，多么惊人的数字！它带走了6045条鲜活的生命，受伤的人更是数以千计。没有房屋是完好的，维持生活的所有东西都在火堆里燃烧着，被烧焦的土地冒着呛人的白烟，街上到处都是残缺的尸体。

尚有力气的人们奔跑着，四处寻找着自己的亲人，找到了又嚎啕大哭。就连每天走了无数遍的小路，都堆满了残垣断壁。

夜里，没有人能入睡。外面随时会响起房屋被烧毁而倒塌的声音。不断有人死去，不断有人哭泣。这一夜，要比白天遭到轰炸的那一刻更让人绝望。

一位记者在这个难熬的夜里拍摄了一张珍贵的照片，并刊登在第二天的报纸上。毕加索看到后，决定用自己的方式记录这一夜，记录这场毫无人道的暴行。于是，伟大画作《格尔尼卡》诞生了。

毕加索以现代主义艺术家的身份，倾其全部精力来创作这一幅画作，他将其视为自己的政治艺术。画中饱含了他对生活的无奈、对战争的不屑，以及对受害者们的同情。

这项大工程开始于 1935 年 5 月 1 日。朵拉成为毕加索这一时期最好的帮手。她每天与毕加索一同工作，拿着摄像机在艺术家周围拍来拍去，捕捉他的每一个动作和神情。

毕加索在画布上迅速地移动画笔，生怕它们移动的速度赶不上他如泉水般的思维。那天夜里的叫喊声，照片中绝望的夜色，还有让人无法直视的冲天的火光，都在催促着他创作。

《格尔尼卡》中充沛的感情一部分也来自于毕加索个人对生活的茫然。此时的他正纠结在两个女人之间。玛丽为他生下的女儿玛

毕加索《格尔尼卡》，1937 年。油画，349.3 厘米 ×776.6 厘米。马德里国家索菲亚王妃美术馆

雅已经可以歪歪斜斜地走路了，朵拉每天待在画室寸步不离开他。他们有时会见面，会打架，这导致年幼的玛雅站在一旁无助地哭泣，没有一刻安生过。

这也就不难理解在《格尔尼卡》中为何会出现死亡的婴儿和哭泣的母亲。生活的烦恼与战争的痛楚卷在一起，给了毕加索最初的灵感。他在初稿中，绘制了希望和反抗的部分。可是在他的进一步绘制过程中，这些稍有光亮的部分逐渐被他涂抹掉，取而代之的是令人窒息的绝望。

在有记录的初稿中，受了伤的马匹腹部出现了一只长有翅膀的小马，这代表着黑暗之中还有希望。可是在最后完成的画作中，这个位置变成一个菱形的伤口。这说明，没有希望，没有光亮，有的只是无法愈合的伤口。

张大嘴死去的士兵，嘶吼的马，呼叫的人，堆积如山的尸体……整幅画没有一处给人以空隙感。毕加索最后在画中没有留下一处希望的痕迹。即使在画的中央，他为可怜的人们设置了两盏灯，却没有为他们找到合适的出口。他所要表达的，是百分之百的绝望，是纯粹的黑暗。

为了创作这幅作品，毕加索将自己所有的灵感全部掏空，但他并不介意，因为战争同样将人类的生命和灵魂席卷而去。《格尔尼卡》绘制完的两年后，乱军取得了西班牙内战的胜利。这幅画成为西班牙政治走向的不幸预言。

有一次，几个德国秘密警察进入毕加索的画室。转了一圈之后，他们指着《格尔尼卡》问道："这是你干的？"毕加索面无表情地回答道："不，是你们干的。"

《格尔尼卡》无疑是20世纪具有深远意义的最伟大的政治宣言。就像毕加索不久后加入了法国共产党一样，他明确地表示要与佛朗哥势力对立，准备以艺术为武器与敌人作战。

在毕加索去世多年后，人们得知一个消息：毕加索在1940年曾申请成为一名法国公民。在当时的政府看来，毕加索早期的确与巴塞罗那的无政府主义者圈子保持着联系。20世纪20年代，他又与一群超现实主义艺术家为伍，而这个群体对共产主义同样持维护的态度。而且，毕加索在当时已经成为法国共产党有史以来最有能量的成员之一，只是他的一些作品让人无法接受，这成为他被拒绝

毕加索《战争》，1952年。硬纸板油画，47厘米X102厘米。巴勃罗·毕加索国家博物馆，战争与和平，瓦洛里斯

的理由。

1943 年，62 岁的毕加索认识了 21 岁的富有魅力的女画家弗朗索瓦兹·吉洛。弗朗索瓦兹就像一只不容易被驯服的小鹿一样，与毕加索玩起了追逐的游戏。毕加索痴迷于她，可她总是躲躲闪闪，却又笑意盈盈。终于在 1946 年，弗朗索瓦兹答应与毕加索一起生活，这令毕加索欣喜若狂。随后，毕加索以美丽的情人为原型，绘制了《女人与花》。据弗朗索瓦兹回忆，毕加索盯着她的头部看，然后将纸片剪成椭圆形，再在上面画上五官，之后将这些椭圆形放在画布上上下移动，找到合适的位置。

之后，毕加索带着弗朗索瓦兹来到法国南部继续生活。他们在这里生下了两个孩子——克劳德和帕洛玛。不过随着时间的推移，

毕加索《和平》，1952 年。硬纸板油画，47 厘米 X102 厘米。巴勃罗·毕加索国家博物馆，战争与和平，瓦洛里斯

弗朗索瓦兹越发不能忍受毕加索的枯燥乏味。用她的话来说:“对和一座历史纪念碑一起生活感到了厌倦。”毕竟两人年龄相差甚多，毕加索又将全部精力和时间投入创作，她根本过不了正常的家庭生活。于是，她于 1953 年带着两个孩子回到了巴黎，之后又与别人结了婚，移居至美国。

在毕加索所有情人当中，弗朗索瓦兹算是结局比较幸福的一个。

1952 年 4 月，毕加索接受委托装饰一座废弃的小礼拜堂。他为这里创作了两幅篇幅巨大的油画，分别名为《战争》与《和平》。这是他十分愿意花时间去创作的题材。在两幅画中，他运用了人物之间表情与动作的反差，将“战争”与“和平”的意义分别表达出来。

弗朗索瓦兹走后，毕加索度过了几个月的空窗期。无聊之中，他常去拉米耶太太的陶艺店制作陶器。在这里，他认识了其表妹杰奎琳·洛克。

这是 1954 年，就像上天注定一样，杰奎琳像一只小燕子一样飞进毕加索枯燥的生活。此时，杰奎琳刚满 20 岁，稚嫩的脸庞上总是带着羞涩的微笑。而毕加索已经年近 70，完全可以做杰奎琳的爷爷。

之后，杰奎琳自告奋勇充当毕加索的模特。毕加索便开始给她画素描和油画。杰奎琳年轻的身体就这样展现在艺术大师面前，带着少女的芬芳，让毕加索沉醉。

杰奎琳以模特的身份，与毕加索开始了情人的关系。这对情侣过起了隐居的生活，与外界的联系越来越少。毕加索安然于这种宁静的生活。

度过了相依为命的八年，此时毕加索的妻子奥尔加已经去世。1961 年，毕加索终于将杰奎琳娶回了家，成为他法律上的第二任妻子。

原本两人可以继续他们的幸福生活，可是杰奎琳发现自己不能生育。这简直成为可以杀死她的理由。尽管毕加索一再劝慰，但杰奎琳还是被这件事打击得不成样子，并拼命控制她唯一的依靠毕加索。两人就在这样拉扯中共同度过了十八年的岁月。

同时，毕加索与他的儿女和孙子孙女们的关系都很不尽如人意。他与弗朗索瓦兹的孩子克劳德和帕洛玛，与玛丽为他生的女儿玛雅，以及他和奥尔加的儿子保罗和保罗的孩子帕布里多和玛丽娜，像商量好了似的，与毕加索反目成仇，这令毕加索万分寒心。

晚年
——爱的禁锢与自由

1961年，恰逢毕加索80岁寿辰，加州大学洛杉矶分校艺术馆举办了一场名为《祝毕加索先生生日快乐》的画展。另外，还有一些画廊自发地组织了小型画展和活动。此时的毕加索已经饱受疾病困扰多时，他的耳朵也已经失聪，并未参加任何公开的庆祝活动。1963年，他绘制了著名的《画家与模特儿》。

毕加索《画家与模特儿》，1963年。布面油画，195厘米X130.3厘米。慕尼黑现代美术馆

这幅画完全暴露了毕加索的观念，或许也是他在晚年想要表达的，从未改变过的观点：他是天才，是神话般的人物。他能够创造出无与伦比的作品。然而在他面前被动站立的，甚至赤身裸体的模特们，只是他使用的工具而已。

1965 年，毕加索最后一次来到巴黎。当年的老朋友已有许多不在人世了，这个城市没有太大变化，人却都变了。毕加索被苏联政府授予列宁和平奖的时候，他以身体健康为由没有去见苏联大使。此时的他，宁愿走在街边，看一看来来往往的人群，想一想几十年的得与失。

晚年时期，毕加索曾创作的雕塑和陶艺作品也在纽约等地相继展出。世界变成神圣的花园，处处开放着毕加索创造的艺术之花。可是，毕加索总是躲避着喧闹的人群。无数的崇拜者想要进入他的画室，了解伟大的艺术家是如何创作的，也企图打探他个人生活的细节。他被簇拥了半辈子，如今却十分想回到最初——刚刚来到洗衣船的时候（那里在 1970 年被一场大火焚毁了）。那时候，他想要的很多，如今都得到了，却愈发孤独了。

毕加索最后的时间里，一直留在医院接受治疗。尽管他已经年过九十，听也听不清，说也说不清，但仍对一切事物保持好奇心。就连进入手术室时，他都会认真地观察那些冰冷的医疗器具。哪怕生活糟糕到无法自理的程度，他的眼神也从未失去过光芒。

据最后在他身边照顾他的医护人员说，毕加索经常一个人自言自语地谈论阿波利奈尔，那是他最谈得来也最尊敬的挚友。

临终前，毕加索温柔地看着坐在床边满脸憔悴的杰奎琳。他没有像年轻时那样，炽烈地向她表达爱意，只是伸出手握住她的手，接着转向身边的特护对她说：“你不结婚是错误的。婚姻是有用的。”这句话大概可抵得上千言万语，也可温暖杰奎琳的后半生了吧。

毕加索于 1973 年 4 月 8 日去世。他生前嘱托，不允许任何人瞻仰他在棺材中的样子。亲友们也确实这样做了。在葬礼上，神父和一些当地共产党议员做了简短的发言。一个影响世界艺术史的天才，就这样离开了我们。

毕加索死后，杰奎琳像丢了魂一般，独自过了 13 年痛不欲生的生活。1986 年 10 月，她终究还是崩溃了，再也无法独自存活于世。她朝自己的太阳穴开了一枪，结束了悲苦的一生。

杰奎琳去世后，为法国政府留下了毕加索的全部作品以及 10 亿美元的遗产。

弗朗索瓦兹与毕加索的儿子克劳德与毕加索的长相最为相似，虽然毕加索很不愿承认这一点。他受毕加索遗产管理法庭的邀请，在 1995 年成立了毕加索管理委员会，以妥善处理其作品的复制权和使用权。在所有子女中，他是唯一一个对毕加索的多数作品了如指掌的人。特别是那幅父亲为他和妹妹画的幼年时期的画像，还有一幅母亲和他们兄妹二人共同的画像，对他来说是最珍贵的。

妹妹帕洛玛对于父亲不肯见他们这件事一直很伤心，不过她从没有怪罪过父亲。她回忆说，在自己 14 岁的时候，母亲出版的回忆录惹怒了父亲，因此当他们再去看望父亲时，父亲闭门不见，连

毕加索《吻》，1969 年。布面油画，130 厘米 X97 厘米，私人收藏

电话也不接。不过，后来她还是和哥哥一起到过父亲家几次，有时也会独自过去。在她眼中，父亲虽脾气暴躁，对孩子却是相当疼爱的，至少父亲很少对自己发怒喊叫。她认为，父亲之所以后来不再见他们，很大程度上是受了后母杰奎琳的挑拨。那个女人自己没有生育能力，自然不希望毕加索与其他女人生的孩子来往。

帕洛玛继承了父亲价值 6 亿美元的画。不过她并没有活在父亲的光环下，她经营着自己的珠宝、香水、化妆品品牌，资产多达近 20 亿美元。

与诸如梵高一类的很多世界级伟大艺术家相比，毕加索并非一生都陷于穷困之中。相反，多数时间里，金钱、美人以及赞美声一直围绕着他。

关于艺术，关于爱情，毕加索生前极少留下长篇大论，多数是简练的只言片语。此外，毕加索还曾发表过一些观点，也接受过仅有的几次采访。最靠谱的，就是他身边的朋友所做的有关他的语录。多数情况下，他的态度是幽默或冷漠地讽刺。

作为 20 世纪最著名的艺术家，也是现代艺术史上最多产和最重要的创新者之一，有关他的任何一处细节都值得研究和探讨。因此，尼尔·考克斯在其所著的《毕加索》一书中，用对话的方式将这位伟大的艺术家的言论展现出来。我们由此进一步了解了毕加索的内心世界。

1. 您自己是怎样看待超现实主义的？

超现实主义是为了迎合一些艺术家的需要而发起的，那些艺术家需要将自己归入一个有共同信仰的圈子，这就是他们将布勒东视为“超现实主义教皇”的原因。我不想加入他们，但是对很多超现实主义者所坚持的东西，我是同意的。我们同样认为，艺术表达了我们的欲望，艺术是一种战争反对另一种战争的武器，黑人的艺术超过了拉斐尔，艺术大胆表达了一种疯狂的爱。同样，我也是一个共产主义者。但无论是达利的梦幻还是米罗的即兴创作，都与我的画毫无共同之处。

2. 能谈谈您和布拉克是怎样发现立体主义的吗？

首先要说的是，关于我们到底在做什么，布拉克和我当时并未清楚地意识到！当你说我们“发现了立体主义”的时候，听起来好像它是一个未知的岛屿，等着我们涉足。但实际上并非如此。没人知道我们正在做什么，后来，人们开始试着来说明它——大概是1910年开始的吧——他们构造出种种关于“四维”的垃圾，还有分析什么的。其实这些不过是理论——与其听这些东西，不如去听鸟叫。

成千上万的艺术家探索了几百年，那是立体主义的先导。布拉克和我通过缓慢而艰苦的努力才回到原点，并创立了一种新的艺术。我想我是在1907年遇到布拉克的，但真正了解他是在1908年。在那年11月，我看到了他在卡恩韦勒的画廊举行的展览——关于埃斯塔克风景的令人称奇的画作，那种将空间凝固起来的方式令我激动不已。实际上，布拉克已经看到了我的《亚维农少女》，他自己也在尝试用立体主义的方法来表现女人的形象。所以，我想如果想说清楚是他还是我创造了这种艺术，大概不可能吧——那时候，我们俩是拴在一起的登山者。布拉克喜欢塞尚。这也没什么特别的，因为很多艺术家都依照塞尚的理念来创作，尤其是在1906年他去世以后，但是布拉克探究着塞尚艺术的深层，紧紧抓住了他的焦虑的每一个迹象。塞尚的焦虑——这是我们感兴趣的东西。这种焦虑使得塞尚会紧紧盯住一片叶子，通过叶子，他就看到了枝干、整棵树和整片风景。

3. 从后印象主义到蓝色时期、玫瑰时期、立体主义，再到新古典主义和超现实主义等。您为什么这么频繁地改变自己的风格呢?

这些用来称呼我作品的名词，不过是那些画商和批评家的发明。这些不是什么风格——但不管怎么说，我都没有改变自己作品的风格，因为我根本就没有任何风格。对于大多数有某种风格的画家来说，他们的问题是一直重复一种模式。有些人不但这样做，并且还做得很好，比如说雷诺阿。但是我一直在变化，因此当你认为在我的作品中发现了一种风格的时候，我早已变了。

4. 在您的收藏中，您认为最珍贵的画作是什么?

你是说哪些我最喜欢吗?恩，我有两幅塞尚的杰作，但是我经常想到画着五个淋浴女人的那幅，就挂在那边餐具柜的上方。我有了钱以后，就买了它。因为我记得看到过马蒂斯手中有塞尚的作品，上面画着三个沐浴的女人，所以就买了一幅五个的，要超过他！这五个女人或许可以与《亚维农少女》中我画的那五个女人相媲美。但我还是从自己收藏的那幅单板画上——上面画着闲混并招徕嫖客的妓女——更多地看到了我的“少女们”的影子。

我有一张很好的夏尔丹的作品，画的是羊被杀死后的一个侧面，满眼都是血和肉。我试图在静物画方面和他一比高下。我还有两张米罗的肖像画和一些令人愉悦的雷诺阿的裸体画。现在我自己开始画雷诺阿式的作品了——高大的裸体沐浴女人，抚弄着自己的头发，抚摸着自己的身体！我还收藏了其他一些东西——德兰、高更、德·基里柯——这些画我喜欢经常看看。

5. 作为一个长时间生活在法国的西班牙人，您有何感触，我的意思是当西班牙内战爆发的时候？

我生是西班牙人，死是西班牙鬼。对我来说，那段时间很可怕。个人的很多事情也乱作一团。我和艾吕雅关系密切，他曾经在共产主义报纸《人性报》上发表过一首诗，反对1936年对马德里的轰炸。在《格尔尼卡》完成之前，我曾就我的画作发表了一个声明。在声明中说，我那时所有的作品都表现了对军事独裁的恐惧，这种军事独裁将西班牙变成了“痛苦与死亡之海”。但是当《格尔尼卡》展出后——也就是在展馆开放之后——我受到了大量左翼人士的批评，他们认为我的画指向不明。我也用其他方式帮助共和党：不但捐了款，而且还担任了普拉多的名誉负责人，以此来表明我在艺术上的信念是与佛朗哥和他的将军们的死亡崇拜观念相对立的。

6. 在前两天您提到的那本《生活》杂志特刊上，有一篇文章是关于一个和您有关的女人的，文章的副标题是：“奇怪的是，他居然还有时间去画画！”

谈论这方面的事情，自然是不可避免的，但我憎恶对我个人生活的过分痴迷。当我离开了那些女人，或当我们的关系变得糟糕之后，她们中的一部分人就想报复我。弗朗索瓦兹出版了那本关于我的蠢书——1965年，我试图通过律师来阻止法文版的出版，但是失败了。因为虽然书中有一些关于我的谎言，但显然这一事实并不是一个足够好的理由。书中有一半的内容，使我看起来像个哲学家，把针对女人的一些话放到我的嘴里去说，把我丑化成一个大魔头。1930年，费尔南多在《晚报》上发表了一些她的回忆文章，至少我现在可以说，费尔南多说的是事实。1933年她又出了一本书，我也曾试图阻止这一举动。你知道，我在电视上看到她是几年前的事了，我很为她最近的状况担忧。

7. 您觉得对于母亲您有矛盾的感情吗？

一点也没有。母亲很宠我，就像所有母亲爱自己的孩子那样。虽然有时候，我不得不迁就她，但我们之间从来没有过任何真正的矛盾。当然了，只有那次她上了别人的当，在1930年把我几百幅早年的作品都交给了那些骗子。我花了很多年的时间跟那些歹毒的画商进行斗争，并且付出了巨额的法律费用才把这些东西要了回来！

8. 您是否觉得这些女人中的每一个，都使您创作出了一种不同的艺术？

有可能。这是必然的。但你必须记住，艺术不是真理，它是一个可以使我们从中看到真理的谎言。真理在任何具体的情境中都是一种谎言。真理是一个谎言——记住这一点。当然了，我画的奥尔加和朵拉，有一些就是她们自己的样子——奥尔加和朵拉的肖像画。或者还有那幅《女人—花》，那是弗朗索瓦兹的肖像画。但同时，我的许多画作都像招魂术一样，因此其中出现的并非真人而是鬼魂，它们只不过是表达我当时感觉的一种形式。

在创作《自画像》时，距离毕加索去世已不到一年的时间，因此很多人将这幅画称为《面对死亡的自画像》。这是毕加索在病重

毕加索《自画像》，1972年。纸，黑色和彩色铅笔，65.7厘米X50.5厘米。富士电视画廊，东京

岁月里真实的写照。我们不难想象，他是如何艰难地压着纸张，在上面画上一根根混乱粗壮的线条。它展示了毕加索最后的体力与精力，也无法掩饰艺术家对即将离开这个世界的无奈与恐惧。

后记

在希腊神话中，有九位主司艺术与科学的古老文艺女神被称为“缪斯”。她们分管从绘画到音乐等诸多艺术领域中的一种。传说，女神们常常出现在众神或英雄们的聚会上，舞姿曼妙，神形兼备，为聚会带来了不少欢乐。

欧洲人常将她们比作灵感与艺术的象征。若是谁有幸得到缪斯的眷顾，定能思如泉涌，无往不利。因此，艺术家在突然得到某个领域的灵感时，便会说“犹如缪斯降临”；或者在创作过程中遇到能够激发其灵感的女人，也会称她们为自己的缪斯。

毕加索的艺术生涯中不乏女性的存在。在成为毕加索的情人的那一刻，她们也成为成就伟大艺术的缪斯女神，并随着毕加索的画笔起舞于画布之上。

此外，那些出现在毕加索生命里的友人，也无不将印记留存于他的“绘画日记”当中。卡萨吉玛斯的决绝是为深情、阿波利奈尔的敏感是为睿智、雅各布的热情是为欢爱、格特鲁德的大度是为慈悲。他们站在各自的艺术领域与毕加索隔空相望，悲欢却是相通的。

就像一个既信奉耶稣又推崇进化论的人，毕加索始终秉持着两种对立的价值观对待生活与艺术，这也促成了他无可比拟又不可复制的艺术成就。有些人需要得到神的眷顾，如同长了一双翅膀。可是毕加索从不需要翅膀，他只需在地面上，便可将自己由人活成神。

就如同他亲口说过的那句话：我是神。